Peter Weghorn

Motivationsprofi im Verkauf

- Motivstruktur des Kunden
- Abschlußtechnik und Entscheidungs- konflikte
- Fremd- und Eigenmotivation
- Motivationsmaß- nahmen in der Praxis

UEBERREUTER

Die Deutsche Bibliothek – CIP-Einheitsaufnahme

Weghorn, Peter:
Motivationsprofi im Verkauf : Motivstruktur des Kunden,
Abschlußtechnik und Entscheidungskonflikte, Fremd- und
Eigenmotivation, Motivationsmaßnahmen in der Praxis /
Peter Weghorn. – Wien : Wirtschaftsverl. Ueberreuter, 1997
   (New Business Line : 50-Minuten-Script ; 69)
   (Manager-Magazin-Edition)
   ISBN 3-7064-0312-9

S 0299   1 2 3 / 99 98 97

Alle Rechte vorbehalten
Technische Redaktion: Dr. Andreas Zeiner
Illustrationen: Josef Koo
Umschlag: Kurt Rendl
Copyright © 1997 by Wirtschaftsverlag Carl Ueberreuter, Wien
Printed in Austria

Inhalt

Vorwort

»Der Tag an dem du eine Entscheidung triffst, ist ein Glückstag.«

Chinesisches Sprichwort

Kein Begriff dürfte in den letzten Jahrzehnten so strapaziert worden sein, wie der der Motivation. Sie gilt als der Stein der Weisen, wenn es im Berufs- oder Geschäftsleben darum geht, Umsätze zu steigern oder die Expansion eines Unternehmens voranzutreiben. Demzufolge ist die Literatur zu diesem Thema sehr umfangreich. Leider wird das Ziel – *wie* in der Praxis motiviert werden soll – oft nicht erreicht.

Dieses Buch ist für Verkäufer und Führungskräfte im Vertrieb geschrieben. Es beinhaltet nicht nur Hinweise und Tips, wie man jemanden motiviert, sondern bietet dem Leser vorformulierte Motivationsmuster an, die direkt umgesetzt werden können.

Inwieweit dieses Buch ein Erfolg ist, läßt sich an den nach der Lektüre erzielten Ergebnissen bemessen. Der Zeitraum bis zur Umsetzung und Wirkung wird etwa drei bis sechs Monate betragen.

Viel Spaß beim Lesen und Umsetzen wünscht Ihnen

Ihr Peter Weghorn

Teil 1:

Die Grundlagen

1.1 Einleitung

Versucht man, die Ursachen für den privaten und beruflichen Erfolg von Menschen zu finden, landet man zwangsläufig beim Begriff der Motivation. Nachdem ich selbst jahrelang im Verkauf tätig und die Motivation von Menschen ein Hauptbestandteil der täglichen Arbeit war, möchte ich mit diesem Buch den Ansatz wagen, den Begriff der Motivation mit dem des Verkaufs gleichzusetzen.

Ein guter Verkäufer analysiert die Bedürfnisstruktur (Motivationsstruktur) des Kunden (Gesprächspartners). Er zeigt ihm einen Weg, wie er seine Bedürfnisse optimal befriedigen kann. Somit entspräche jede Motivationssituation gleichzeitig der eines Verkaufsgesprächs und umgekehrt.

Bei »richtigen« Verkaufsgesprächen kann man aber nicht davon ausgehen, daß der Kunde von vornherein kaufen wird. Tieferliegende Bedürfnisse (Motive) müssen erst geweckt werden, bevor es zu einem Abschluß kommen kann. Geht man noch einen Schritt weiter und behauptet, daß jede Kommunikationssituation, die dialektische Elemente enthält (siehe »Der Rhetorik-Profi« aus der Reihe »50 Minuten zum Erfolg«), einem Verkaufsgespräch gleichkommt, so kann man folgern, daß sie auch der einer Motivationssituation entspricht (Abbildung 1).

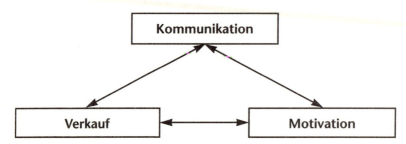

Abbildung 1: Jedes Verkaufsgespräch entspricht einer Motivationssituation

Betrachtet man Motivation aus diesem Blickwinkel, so eröffnen sich ungeheure Perspektiven für diejenigen, die damit in der Praxis umgehen wollen und müssen. Wer also ein guter Motivierer sein will, muß gut kommunizieren und gut verkaufen können. Unter dem Begriff Kommunikation kann man sich schon eher vorstellen, wie Motivation wahrscheinlich stattzufinden hat.

Bevor wir diesen Ansatz weiter verfolgen, soll nun ein kurzer theoretischer Einblick gegeben werden, was Motivation ist bzw. wie sie bisher verstanden wurde.

1.2 Grundlagen der Motivation und Persönlichkeitstheorie

In der Psychologie geht man von zwei Ansätzen aus. Motivation wird entweder als ein Merkmal der Persönlichkeit, das heißt als spezifische und konstante Komponente der Persönlichkeit, oder als ein Ereignis verstanden, bei dem die Ursache in den Umweltbedingungen zu suchen ist.

Vertreter der sogenannten Persönlichkeitseigenschaften sind unter anderem Sigmund Freud und Alfred Adler. Das folgende Schema gibt einen kurzen Einblick (Abbildung 2).

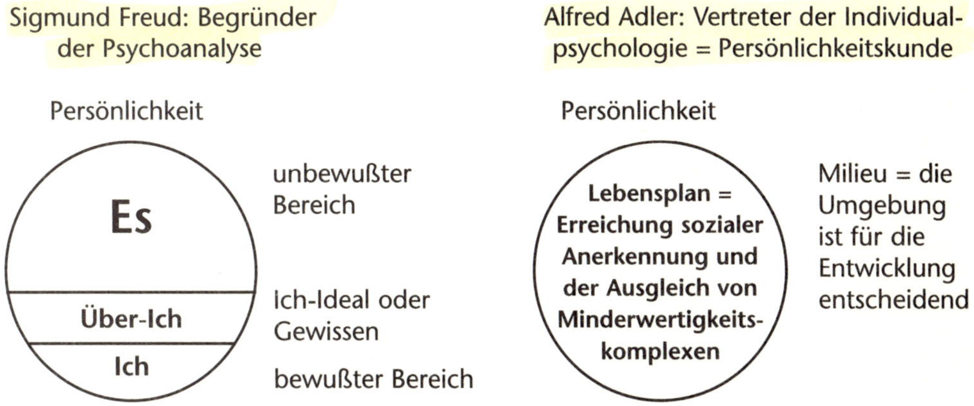

Sigmund Freud: Begründer der Psychoanalyse

Alfred Adler: Vertreter der Individualpsychologie = Persönlichkeitskunde

Persönlichkeit

Es

Über-Ich

Ich

unbewußter Bereich

Ich-Ideal oder Gewissen

bewußter Bereich

Persönlichkeit

Lebensplan = Erreichung sozialer Anerkennung und der Ausgleich von Minderwertigkeitskomplexen

Milieu = die Umgebung ist für die Entwicklung entscheidend

Abbildung 2: Schema der Persönlichkeitstheorien von Freud und Adler

Motive (Beweggründe) sind Ungleichgewichtszustände (zum Beispiel Hunger), die ins Gleichgewicht gebracht werden sollen oder müssen. Man unterscheidet dabei zwischen primärer und sekundärer Motivation. Primäre Motivationsziele zu verfolgen heißt, seine Bedürfnisse – ähnlich Säuglingen und Kleinkindern – sofort befriedigen zu wollen (ein Kind möchte sofort das Spielzeug im Kaufhaus haben, egal welche Konsequenzen damit verbunden sind). Sekundäre Motivation stellt die nächsthöhere Stufe in der Entwicklung dar und verlangt dem einzelnen klare Zielsetzungen, Pläne und die Unterordnung von weniger wichtigen oder gesellschaftlich nicht durchsetzbaren Motiven ab. Während also im primären Motivationssystem der Gewinn von Lust und die Vermeidung von Unlust das Verhalten bestimmen, sind sekundäre Motivationssysteme durch den Konflikt zwischen der Hoffnung auf Erfolg und der Furcht vor Mißerfolg gekennzeichnet.

	primäre Motivation	sekundäre Motivation
Beschreibung	Gewinn von Lust ↕ Vermeidung von Unlust	Hoffnung auf Erfolg ↕ Furcht vor Mißerfolg
Zeitspanne	ohne Zeitverlust soll das betreffende Objekt erreicht werden	Lustgewinn wird durch das Erreichen von Zielen (zeitlich weit entfernt) mit Hilfe von Zwischenzielen erreicht
Attributierung	Lustgewinn wird unmittelbar mit dem äußeren Objekt verknüpft	das Individuum ist imstande, sich selbst den erreichten Effekt (oder Anteil davon) zuzuschreiben
Verstärkung oder Bekräftigung	Bekräftigung von außen (externe Verstärkung)	Selbstbekräftigungssystem
Ort der Kontrolle	außerhalb des Individuums	Regulation durch sich selbst (Ort der Kontrolle liegt in einem selbst)

Den beiden angeführten Motivationssystemen werden wir in späteren Kapiteln unter den Begriffen Fremdmotivation (primäres Motivationssystem) und Eigenmotivation (sekundäres Motivationssystem) wieder begegnen.

Der Lebensablauf von Menschen wird durch Aktionen oder das Handeln bestimmt. Jede Handlung beruht auf einer Ursache oder einem Beweggrund (Motiv). Betrachtet man die Vertriebspraxis, so wird verständlich, daß jeder Verkäufer ein echtes Interesse daran entwickelt, worauf sich sein Verkaufserfolg (= Abschlüsse = Kaufhandlung der Kunden) begründet. Als Führungskraft möchte man gerne wissen, wie hohe Umsätze zu erzielen sind. Damit stellt sich die Frage nach den Motiven von Außendienstmitarbeitern bzw. wie diese motiviert werden können – dazu später mehr.

Bei jedem Menschen konkurrieren eine Vielzahl von Bedürfnissen innerhalb eines bestimmten Zeitabschnitts. Welche allerdings davon zuerst befriedigt werden, hängt maßgeblich von zwei Faktoren ab: dem emotionalen (gefühlsmäßigen) und dem kognitiven (verstandesmäßigen) Aspekt (Abbildung 3).

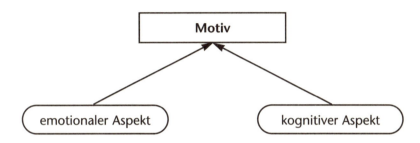

Abbildung 3: Bedeutung des emotionalen und kognitiven Aspekts

Ist ein Motiv emotional stark besetzt (zum Beispiel Kunde freut sich über den schönen 911er Porsche), so treten häufig verstandesmäßige Überlegungen (zu teuer, braucht zuviel Kraftstoff etc.) in den Hintergrund. Inwieweit dies dann zu Kaufentscheidungen führt, werden wir später kennenlernen.

Bei der Betrachtung des emotionalen Aspekts läßt sich zwischen dem positiven Erleben der Aktivität selbst und dem Ziel der Handlung, welches als erstrebenswert betrachtet wird, unterscheiden – dem einen Verkäufer macht das Verkaufen an sich Spaß, für den anderen ist die Zahl der Abschlüsse entscheidend. Im Normalfall spielen beide Faktoren eine gewisse Rolle und sind fast nicht zu trennen. Die Gewichtung ist allerdings für die individuelle Beurteilung, zum Beispiel von einzelnen Mitarbeitern, von Bedeutung.

Motivationsprozesse laufen ab, wenn ein bestimmter Ist-Zustand (Bestand eines Versicherungsvertreters ist fünf Millionen DM Versicherungssumme) in einen definierten Soll-Zustand (zehn Millionen DM) übergeführt werden soll. Je stärker das Bedürfnis ausgeprägt ist, eine bestimmte Soll-Umsatzgröße zu erreichen, um so größer ist die Aktivierungsanregung beim Verkäufer selbst (siehe Abbildung 4 auf der folgenden Seite).

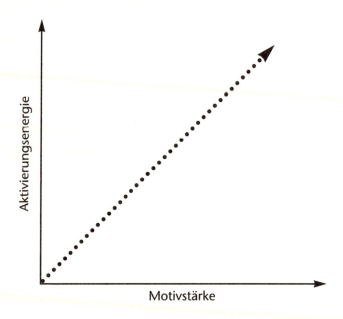

Abbildung 4: Zusammenhang von Motivstärke und Aktivierungsenergie

Zum Abschluß ein Überblick über dieses Kapitel

● Motive als überdauernde Persönlichkeitsmerkmale

● Motive als Folgen von Umweltereignissen

● primäres Motivationssystem: Lust ↔ Unlust

● sekundäres Motivationssystem: Hoffnung auf Erfolg ↔ Furcht vor Mißerfolg

● emotionale und kognitive Aspekte der Motivation

● Bedeutung von Aktivität und/oder Handlungsziel im Motivationsprozeß

● Zusammenhang von Motivstärke und Aktivierungsenergie

1.3 Motivklassen und Bedürfnishierarchien

Häufig wird die Frage nach den Motiven von Menschen gestellt, wenn diese bestimmte Verhaltensweisen bzw. Handlungen an den Tag legen. Krimis zum Beispiel leben oft von der Frage, welches Motiv ein Mörder für seine Tat gehabt haben könnte.

Bei der Frage nach den Bedürfnissen sind drei große Bereiche zu unterscheiden:

● Instinkte und Reflexe

● biologische Bedürfnisse

● psychologische Bedürfnisse

1.3.1. Instinkte und Reflexe

Instinkte sind im wesentlichen im Tierreich anzusiedeln und sollen uns nicht weiter interessieren. Husten oder Niesen sind Reflexe, die kaum kontrollierbar sind und zu unmittelbaren Aktionen führen.

1.3.2 Biologische Bedürfnisse

Biologische Bedürfnisse sind Hunger, Durst, Wärme, Schlaf, Sauerstoff, Ausscheidung, Sexualität und das Bedürfnis nach Zuwendung und emotionaler Wärme (vor allem im Säuglings- und Kleinkindalter). Diese Bedürfnisse sind bedingt kontrollierbar. Hat zum Beispiel jemand vier Tage nicht gegessen oder getrunken, so existiert nur eine Zielsetzung – Nahrung oder Flüssigkeit zu sich zu nehmen. Ab einem bestimmten Punkt (Gefahr des Verhungerns oder Verdurstens) werden auch keine qualitativen Unterschiede mehr gemacht (der Geschmack ist sekundär).

Biologische Bedürfnisse gehören zu den primären Motivationssystemen und sind nur begrenzt steuerbar. Normalerweise werden immer Gleichgewichtszustände angestrebt, wie zum Beispiel satt zu sein, ausgeschlafen zu haben oder die sexuelle Befriedigung. Jeder, der allerdings schon einmal einen über den Durst getrunken hat, weiß, daß biologische Bedürfnisse manchmal psychologischen Bedürfnissen untergeordnet werden.

1.3.3 Psychologische Bedürfnisse

Psychologische Bedürfnisse oder Motive bestimmen im wesentlichen die Verhaltensweisen des wachen und gesunden Individuums. Nachfolgend erhalten Sie den Versuch einer Klassifikation, wie ihn Murray (1938) vorgenommen hat. Nach ihm wird das Verhalten durch innere Bedürfnisse (»needs«) und objektive oder subjektive interpretierte Umweltgegebenheiten (»press«) bestimmt:

Bedürfnis nach	Verhaltensbeispiele	Zielbezug
Aneignung	sich Dinge aneignen, Dinge besitzen, feilschen, stehlen	auf unbelebte Objekte ausgerichtete Handlungen
Erhaltung	Dinge sammeln, reparieren, vor Schaden beschützen	
Ordnung	Dinge in eine Ordnung bringen, sehr genau, ordentlich, sauber sein	
im Besitz behalten	Dinge horten, nichts verleihen, auf seinen Besitz achten, sparsam sein	
Konstruktion	organisieren und bauen	
Überlegenheit	mehr leisten als andere, mehr Anerkennung erhalten, andere übertreffen	auf Prestige, auf Anerkennung ausgerichtete Handlungen
Leistung	etwas Schwieriges tun, Hindernisse überwinden	

Bedürfnis nach	Verhaltensbeispiele	Zielbezug
Anerkennung	soziales Prestige suchen, Respekt fordern, seine Leistungen zeigen	auf die Verteidigung von Status und die Verhinderung von Erniedrigung ausgerichtete Handlungen
Selbstdarstellung	Aufmerksamkeit auf seine Person ziehen, andere erregen, amüsieren, schockieren	
Unverletzlichkeit	Versuch, den »guten« Namen zu erhalten, psychologische Distanz aufrechtzuerhalten, gegenüber Kritik immun zu sein	
Selbstschutz	Versagen, Schande, Erniedrigungen vermeiden, die über die eigenen Kräfte gehen	
Verteidigung	sich gegen Kritik und Blamage verteidigen, eigenes Handeln rechtfertigen	
Widerstand	Schwächen überwinden, Niederlagen durch Vergeltung überwinden, die eigene Ehre verteidigen	
Dominanz	andere beeinflussen oder kontrollieren, überzeugen, verbieten, anordnen, führen	auf menschliche Macht ausgerichtete Handlungen

Bedürfnis nach	Verhaltensbeispiele	Zielbezug
Ehrerbietung	einen Höhergestellten bewundern, ihm gerne folgen und dienen	
Identifikation	sich mit anderen identifizieren, andere imitieren, sich in andere hineinversetzen, ihnen glauben	
Selbstbestimmung	Einfluß oder Zwang widerstehen, Autoritäten herausfordern, nach Unabhängigkeiten streben	
Widerspruch	anders als andere handeln, einzigartig sein, unkonventionelle Ansichten haben	
Aggression	tätlich angreifen, verletzen, schädigen, beleidigen, lächerlich machen	auf sadomasochistisches Handeln ausgerichtet
Selbsterniedrigung	sich ergeben, Unrecht, Kritik, Strafe ertragen, sich herabsetzen, entschuldigen	
Strafvermeidung	Schande, Tadel, Zurückweisung, Verlust an Zuwendung vermeiden, antisoziale Impulse unterdrücken, gesetzestreu sein	auf Anpassung ausgerichtet

Bedürfnis nach	Verhaltensbeispiele	Zielbezug
sozialer Verbundenheit	mit anderen verbunden sein: zum Beispiel Freundschaft, Kooperation, Liebe, sich Gruppen anschließen	auf soziale Interaktion ausgerichtete Handlungen
Ablehnung	sich von negativ bewerteten Personen abwenden, ihnen keine Aufmerksamkeit schenken	
Fürsorge	Hilflosen und Schwächeren helfen, sie ernähren, versorgen, bemuttern	
Hilfe	bei anderen Hilfe suchen, sich ermutigen, unterstützen lassen	
Spiel	sich entspannen, vergnügen, Spaß haben, lachen	
Erkenntnis	beobachten, fragen, explorieren, untersuchen, neugierig sein	
Erklärung	Fakten miteinander in Beziehung bringen, erklären, beurteilen, interpretieren	

Den psychologischen Bedürfnissen entspricht der Begriff der sekundären Motivation. Adler führte zum Beispiel alle Vorgänge auf ein Bedürfnis nach Macht zurück. Freud postulierte das Bedürfnis nach Lust bzw. Aggression.

1.3.4 Die Hierarchie der Bedürfnisse

Maslow (1954) nimmt an, daß sich menschliche Grundbedürfnisse in einer festgelegten Reihenfolge entwickeln (Abbildung 5).

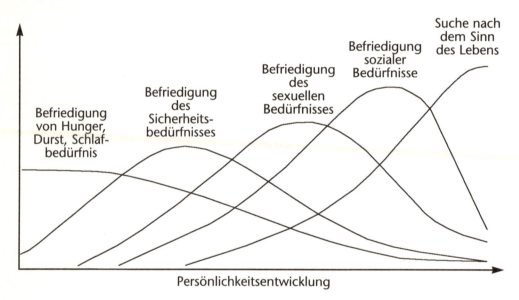

Abbildung 5: Modell der Bedürfnishierachie nach Maslow

Häufig wird in der Motivationsliteratur eine Bedürfnispyramide dargestellt. Wie Sie aber der Abbildung 5 entnehmen können, verstand Maslow die jeweiligen Bereiche als Überlagerungen. Selbst die höchste Stufe, nämlich die der Selbstverwirklichung, beginnt bereits wesentlich früher und ist nicht als die Vollendung aller Bedürfnisklassen anzusehen. Sicherlich müssen die biologischen Bedürfnisse hinreichend befriedigt sein, wenn andere Motive eine Rolle spielen sollen. Das Maslowsche Modell eignet sich ganz gut, um Bedürfnisse von Mitarbeitern innerhalb eines Unternehmens aufzuzeigen:

Maslow	Bedürfnisse in Unternehmen	Befriedigung
Geltung	Macht	Einfluß, Vollmachten
Geltung	Anerkennung	Lob, Status, gute Bezahlung, eigenes Büro
Geborgenheit	Kommunikation	Teamarbeit, Kollegenkontakte, Information, Integration in Unternehmen
Sicherheit	Sicherheit	Weiterbildung, Altersversorgung, klares Karrieresystem, Kündigungsschutz, sicherer Arbeitsplatz
physiologische Bedürfnisse		ausreichende Bezahlung, gesunder Arbeitsplatz

Je nachdem, auf welcher Stufe sich ein Mitarbeiter in der Unternehmenshierachie befindet, ist seine Motivstruktur anzusiedeln. Meistens ist es allerdings so, daß gerade junge Mitarbeiter vorwiegend physiologische Bedürfnisse (auch auf Grund des niedrigen Gehalts) zu befriedigen suchen. Je weiter jemand in der Firmenhierachie aufsteigt, um so mehr rücken die Aspekte der Sicherheit des Arbeitsplatzes, der Weiterbildung, des Aufstiegs, der Integration ins Unternehmen und die Vergrößerung des eigenen Einflußbereiches in den Vordergrund. Ab einer bestimmten Position und einem gewissen Alter (Vogelperspektive) geht es darum, Erreichtes zu sichern und Macht zu besitzen. Mit der schwindenden Jugend müssen häufig Defizite in der körperlichen Leistungsfähigkeit anderweitig kompensiert werden (Macht = sexuelle Attraktivität). Welche Bedürfnisse wann und bei wem überwiegen, hängt zum einen von der Person des einzelnen und zum anderen von dessen Lebensumständen ab. Erst wenn das Motivationsziel erreicht ist, kommt es zur Neuorientierung.

Der Erkennung von Beweggründen kommt sowohl im Verkauf als auch in der Führung eine besondere Bedeutung zu. Insbesondere ist es wichtig, die vorrangigen Motive oder Hauptmotive zu erkennen, um eigene Ziele konstruktiv und effizient verfolgen zu können. In den nachfolgenden Teilen 2 und 3 wird auf diese Thematik ausführlich eingegangen.

Zusammenfassend kann also festgehalten werden, daß zwar eine Vielzahl von psychologischen Motiven parallel existieren, es aber außerordentlich schwierig ist, sie in Klassen oder Hierarchien einzuordnen. Häufig werden diese bereits in der Kindheit entwickelt. Welche allerdings davon in konkreten Handlungsabläufen zum Tragen kommen, hängt auf der einen Seite mit den Umweltbedingungen und auf der anderen Seite mit der Person des einzelnen zusammen.

Teil 2:

Motivation im Verkauf

Jedem Verkäufer stellt sich immer wieder die Frage, was er tun muß, damit der Verbraucher kauft. Jedes Kundengespräch, schlechthin alles, was mit dem Begriff Verkauf zu tun hat, begründet sich in der richtigen Motivation von Kunden oder Kommunikationspartnern. In diesem Teil sollen die Kaufmotive und der Ablauf von Verkaufsgesprächen mit den dazugehörigen Abschluß- techniken bzw. Entscheidungshilfen erläutert werden.

2.1 Die Motivstruktur des Kunden und das Kundengespräch

Warum wird gekauft? Was bewegt Menschen, Dinge zu erwerben, die sie objektiv gesehen gar nicht benötigen? Welche Kaufmotive haben Kunden und wie erkennt man sie? Wie muß ein entsprechendes »Verkaufsgespräch« (= »Kaufmotivation«) gestaltet werden?

Um die Motive von anderen Menschen zu verstehen, muß man sich zuerst in ihre persönliche Lebenssituation (Umwelt) und ihre Person hineinversetzen. Als Verkäufer oder Motivierer muß man sich geistig und gefühlsmäßig auf die andere Seite des Tisches begeben. Folgende Fragen sind dabei abzuklären:

● Welchen Menschen haben Sie vor sich?
  Alter, Beruf, Familienstand, Biographie, soziales Umfeld, augenblickliche Lebenssituation, Stärken und Schwächen in der Persönlichkeitsstruktur, Bedeutung des Lebenspartners und Abhängigkeiten

● Welche Kaufmotive (Beweggründe für einen Kauf) könnte der Mensch haben?
  Anerkennung, Sicherheit, sozialer Status, Verwirklichung von Träumen

● Wie muß das Gespräch ablaufen, um den anderen zum Kauf zu motivieren?
  Anfassen der Ware, Probefahrt, Prospekte, Provozieren von Fragen, selbst agieren lassen, bildhafte Darstellung von Sachverhalten, Erhöhung des Verkaufsdrucks etc.

Die psychologischen Hintergründe spielen eine wichtige Rolle im Verkauf. Besonders die Werbung, sei es nun im Fernsehen oder in Magazinen und Zeitschriften, zielt beim Konsumenten auf die primäre Motivation ab. Es wird das gleiche Verhalten provoziert, wie es auch bei Kindern zu beobachten ist – der sofortige Erwerb einer Ware, das heißt Lustgewinn versus Unlustgefühl.

Da aber erwachsene Menschen zumeist sekundäre Motivationsziele verfolgen, ist diese Werbung nur begrenzt wirksam. Vor allem Konsumartikel (Essen, Trinken, Rauchen etc.) lassen sich so gut unters Volk bringen. Bei anderen Produkten versucht man, den Kauf durch die Aktivierung von primären Motivationsfaktoren zu forcieren. Zum Kauf eines Autos soll eine leichtbekleidete Dame animieren, und die schicke Wohnzimmereinrichtung verspricht die liebevolle Zuwendung der Gattin (Brutpflegeverhalten).

Das Verbraucherverhalten ist heute so gut bekannt, daß man an Hand von Statistiken ziemlich gute Prognosen über das zukünftige Kaufverhalten abgeben kann. Im amerikanischen Fernsehen ist man heute soweit vorangeschritten, daß man es sich zum Beispiel nach Präsentationen erlauben kann, die Anzahl der Käufe einzublenden. Dem Nichtkäufer soll das Gefühl vermittelt werden, nicht mehr »in« zu sein. Nur wer zur Klasse der Besitzenden gehört, ist sozial attraktiv.

Werbung findet immer als Einweg-Kommunikation statt. Die Zuschauer sehen und hören zu, können aber nicht aktiv am Geschehen teilnehmen. Das hat zur Folge, daß die Aktivierung des Kommunikationspartners nur am Rande erreicht wird. Das Publikum im Fernsehstudio soll dieses Defizit stellvertretend für alle Zuschauer vor den Fernsehgeräten wettmachen, indem man es aktiv ins Geschehen einbindet. Es werden bewußt Menschen interviewt, die dem Bevölkerungsdurchschnitt entsprechen und somit eine Vorbildrolle erfüllen sollen. Man zielt darauf ab, daß der entscheidende Schritt von der Erzeugung und Aktivierung eines Bedürfnisses zur anschließenden Handlung (Bestellung) und damit dem Kauf vollzogen wird. Werbeveranstaltungen zeigen sehr anschaulich auf, wie ein Verkaufsgespräch strukturiert sein muß:

1. Bedürfniserzeugung oder Aktivierung eines vorhandenen Bedürfnisses

2. Emotionale und kognitive Erläuterung, warum dieses Bedürfnis befriedigt werden muß

3. Weg zur Bedürfnisbefriedigung

4. Kaufentscheidung oder Abschluß

5. Kaufhandlung und Erwerb

6. Bestätigung

Lassen Sie uns gemeinsam die Phasen eines Verkaufsgespräches durchgehen. Wie wird ein Bedürfnis erzeugt bzw. geweckt?

Viele Verkäufer glauben den Gesprächspartner nur solange »bequatschen« zu müssen, bis er »weich« geredet ist. Das ist eine Methode, die nicht nur viel Energie kostet, sondern auch meist das Ziel verfehlt. Wer die Frage nach Bedürfnissen stellt, muß sich darüber im klaren sein, daß es nicht darum geht, dem anderen etwas zu verkaufen, sondern die Kaufwünsche des Kunden zu erkennen. Das Wort Verkauf impliziert einen Prozeß, der von außen nach innen wirkt. Das ist aber motivationspsychologisch gesehen falsch.

Was will der Kunde kaufen? In der Verkaufssituation gibt es nur zwei Alternativen – entweder das Produkt existiert real, kann also berührt, geschmeckt, angesehen, gehört, gerochen und erfahren werden, oder es ist fiktiv vorhanden, wie zum Beispiel eine Kapitallebensversicherung. Zudem gibt es im übrigen kaum Bedürfnisse, die *neu* erzeugt werden müssen! Die meisten Kaufmotive sind bereits vorhanden und angelegt. Wenn Sie also jemandem eine Immobilie, ein

Auto, eine Waschmaschine oder ein Handy verkaufen wollen, so brauchen Sie sich nur die Frage zu stellen, aus welchem Grund Ihr Kunde kaufen soll! Finden Sie keinen, können Sie das Gespräch getrost beenden – Sie werden keinen Abschluß tätigen!

Obwohl viele Menschen in unserer Gesellschaft bereits mit den notwendigsten Gütern ausgestattet sind, gelingt es Topverkäufern immer wieder, Millionenumsätze zu tätigen. Warum ist das so? Nun, diese Profis erkennen sehr schnell, was der Kunde kaufen möchte bzw. was er tatsächlich kauft, wenn er ein Produkt erwirbt (Ansehen, Macht, Gesundheit etc.). Verkauf ist nichts anderes, als die eigentlichen Motive des Käufers zu erkennen und den dazugehörigen Motivationsprozeß einzuleiten. Deshalb fängt jedes Kundengespräch mit der Bedarfsanalyse des Kunden an:

> *Herr Kunde, wenn ich Ihnen 250.000 Mark mit der Bedingung in die Hand drücken würde, diese auszugeben, was würden Sie sich kaufen?«* [reden lassen]
>
> *Was würden Sie sich als erstes anschaffen?* [reden lassen]
>
> *»Warum würden Sie sich das Produkt A als erstes gönnen?«* [reden lassen]

Merken Sie etwas? Sie haben die Fragen gestellt, und der Kunde hat sie für sich selbst beantwortet – was er warum kaufen will. Jetzt müssen Sie ihm nur noch einen Weg zeigen, *wie* er seine Bedürfnisse befriedigen kann. Haben Sie zum Beispiel ein Produkt, das spezielle Eigenschaften aufweist, so fragen Sie den Kunden, welche Vorteile er in einer solchen Ware sieht. Fragen Sie ihn, was geschehen müßte, damit er kaufen würde.

> *Herr Meier, warum glauben Sie, daß heutzutage so viele Menschen das Produkt B erwerben?*

Durch die richtige Fragetechnik spielen Sie dem Kunden den Ball zu! Seine Antwort beinhaltet auch seine persönlichen Kaufmotive. Kaufbarrieren erkennen Sie durch die Reaktion auf die Frage, was passieren müßte, um zu kaufen. Bedenken Sie, daß Kaufentscheidungen dann zustande kommen, wenn ein Bedürfnis so stark ist, daß alle anderen Motive zweitrangig werden.

♦ *Fast alle Entscheidungen werden aus dem Bauch heraus getroffen.*

Kunden müssen die Möglichkeit haben, ihr Objekt der Begierde fühlen zu können. Die Probefahrt in einem Luxusauto macht den Interessenten schon fast zum Käufer. Er fühlt sich als etwas Besonderes.

◆   *Was macht also den Kunden zu etwas Besonderem, wenn er ihr Produkt zu seinem macht?*

Wenn fiktive Produkte, wie Lebensversicherungen, Immobilienfonds, Investmentprodukte oder auch nur Überzeugungen, verkauft werden sollen, muß dies anhand einer Aufzeichnung geschehen. Nur mit Hilfe der visuellen Darstellung (»Pencil Selling«) kommt die Einsicht, warum gekauft werden soll! Das Verkaufsgespräch muß alle Aspekte enthalten, die den Bedürfnissen Ihres Kunden gerecht werden. Der Gesprächsablauf muß so gestaltet sein, daß der Kunde sich das Produkt quasi selbst verkauft.

Herr Kunde, sind Sie nicht auch der Meinung, daß Sie dieses Produkt haben sollten (… daß es in jeden Haushalt gehört)?

◆   *An eine Fortsetzung des Verkaufsgesprächs kann nur gedacht werden, wenn ein echter Bedarf vorhanden ist!*

In Vertrieben ist es häufig an der Tagesordnung, daß Verkäufer ausschließlich an der Höhe ihrer zu erzielenden Provisionen und weniger an der tatsächlichen finanziellen Situation des Kunden interessiert sind. Es ist Aufgabe des Vertriebsleiters, diese kurzsichtige Denkweise zu korrigieren.

Jeder Kunde stellt sich drei Fragen:

● Brauche ich das Produkt? (Bedarf)

● Gefällt mir das Produkt? (Attraktivität = sekundäre Motive)

● Kann ich es mir leisten? (Bonität, verstandesmäßige Abschätzung von Kosten und Nutzen)

Während eines Kundengespräches wird dem Verkäufer sehr schnell – entweder verbal oder nonverbal (Körpersprache) – signalisiert, inwieweit Interesse oder Kaufmotive vorhanden sind.

♦ *Je einfacher eine Entscheidung zu treffen ist, um so leichter*
   wird sie auch getroffen!

Ein praktisches Beispiel

Ich war als Mitarbeiter der HMI-Organisation, einem Strukturvertrieb der
Hamburg-Mannheimer Versicherung in Deutschland, tätig. Die Mitarbeiter der
HMI verkauften vorwiegend ein einziges Produkt, den HVP (Hamburg-Mannheimer Versorgungsplan) – eine gemischte Kapitallebensversicherung. Der
Sachverhalt, der dem Kunden nahegebracht werden mußte, war also an und für
sich äußerst kompliziert (Steuern, Überschüsse, Versicherungsleistungen und
-bedingungen, Kleingedrucktes etc.). Das Verkaufsgespräch selbst war dagegen
genial einfach. Der Kunde wurde an Hand einer Aufzeichnung auf zwei Blättern
so durch das Gespräch geführt, daß er sich am Ende selbst von der
Notwendigkeit eines Abschlusses überzeugt hatte (Abbildung 6).

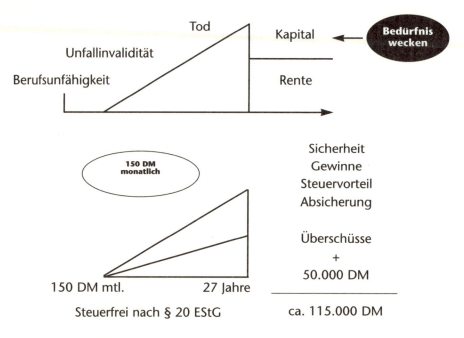

Abbildung 6: Kundengesprächs-Aufzeichnung

Alle Spielregeln, wie richtig motiviert wird, wurden dabei eingehalten. Im ersten Teil des Gesprächs weckte man das Bedürfnis, im zweiten wurde die Bonität des Kunden überprüft (»Betrag holen«). Topverkäufer bauten an dieser Stelle einen Vorabschluß ein:

> *Herr Kunde, wenn sie am Ende unseres Gespräches feststellen werden, daß sie absolut zufrieden sind, was die Punkte Sicherheit, Gewinne, Steuervorteil und die Absicherung anbelangt, können wir uns dann konkret weiter unterhalten?*

Wenn der Kunde an dieser Stelle positiv reagierte, war der Abschluß so gut wie in der Tasche.

♦   ***Wer beim »Betrag holen« zuerst den Mund aufmacht, hat verloren!***

Dies traf praktisch fast immer zu. Derjenige, der den Betrag nennt, hat eigentlich schon eine Kaufentscheidung getroffen. Die Aufgabe des Verkäufers besteht nur noch darin, die Attraktivität und die Besonderheit des Angebots im Vergleich zu anderen Produkten aufzuzeigen. Dem Kunden wurde zum Beispiel anstatt einer Lebensversicherung ein Sparplan mit Vermögensgarantie verkauft. Zudem hatte er das Gefühl, ein exklusives Produkt zu besitzen, das ihn aus der Masse der Nichtwissenden hervorhob. Bemerkungen wie »Die Hubers oder Meiers haben auch abgeschlossen, weil sie wissen, was für sie wichtig und richtig ist« stärkten das Vertrauen des Kunden.

Wichtig ist es, mit einfachen und plastischen Beispielen aufzuzeigen, was unter bestimmten Sachverhalten zu verstehen ist, wie zum Beispiel dem Begriff der Berufsunfähigkeit:

> *Herr Kunde, nehmen wir mal an, Sie sparen ihre 200 Mark Monat für Monat und Jahr für Jahr bei einer Bank. Eines Tages, sagen wir nach fünf Jahren, merken Sie, daß Ihre Rückenschmerzen nach einem Tennismatch mit Freunden nicht mehr aufhören. Sie gehen zum Arzt, der händigt Ihnen den berühmten gelben Zettel aus und stellt fest , daß es sich um einen Bandscheibenvorfall handelt. Kann das passieren?*

> *– Ja –*

Können Sie Ihre Tätigkeit als Schlosser dann weiterhin ausüben?

– Nein –

Sie sind also ab diesem Zeitpunkt berufsunfähig, und das kann heutzutage jedem passieren. Wie sieht es finanziell aus? Ab sofort haben Sie auch weniger Geld in der Tasche, da Vater Staat nur einen Teil Ihres letzten Einkommens an Sie ausbezahlt. Die Kosten bleiben aber gleich. Was geschieht mit ihrem Sparvertrag bei der Bank?

– Den kann ich nicht mehr bezahlen –

Herr Kunde, wie lange sind Sie schon bei dieser Bank?

– 30 Jahre –

Sie waren also 30 Jahre lang ein treuer und guter Kunde?

– Ja –

Stellen Sie sich vor, Sie gehen zum Bankdirektor, erklären ihm Ihre Situation und bitten ihn, da Sie doch immer ein guter Kunde waren, daß er für Sie weiterzahlen möchte. Wie wird er wohl reagieren?

– Der denkt, ich spinne! –

Also mit dem Bankdirektor wird es wohl nichts, aber vielleicht haben Sie einen reichen Onkel in Amerika?

– Nein –

… oder einen guten Freund?

– Ich kenne keinen, der das tun würde –

Herr Kunde, wenn ich Ihnen jetzt jemanden nennen würde, der für Sie weiterzahlt, wenn Sie nicht mehr können, ohne daß es Sie eine müde Mark kostet, würden Sie sich das vertraglich absichern?

– Sofort! –

Diesen Partner kennen Sie bereits – es ist die Bananiaversicherung. Schon ab dem ersten Beitrag erbringen wir die volle Leistung und halten unser Versprechen bis zum Ende der optimalen Laufzeit ein. Was sagen Sie dazu?

– Das ist Wahnsinn! –

Herr Kunde, wir haben bisher über die Vertragssumme gesprochen, Gewinne können Sie jetzt doch nicht mehr erwarten, oder?

– Eigentlich nicht, aber vielleicht bis zu dem Zeitpunkt, wo ich nicht mehr zahlen kann –

Sie haben recht, Herr Kunde, Sie bekommen die Gewinne bis zu diesem Zeitpunkt und außerdem den Rest obenauf, so daß Sie die gleichen Überschüsse erhalten, als wenn Sie normal weiter gespart hätten. Wie finden Sie das?

– Super! –

Herr Kunde, dazu müssen Sie aber nicht unbedingt erwerbsunfähig werden oder körperlich total am Ende sein. Bereits ab einer Berufsunfähigkeit ab 50 Prozent zahlen wir für Sie weiter. Haben Sie so etwas schon einmal gesehen?

– Nein! –

Was halten Sie davon?

– Der absolute Wahnsinn! –

Der Kunde wird also gleich der Handlungssequenz in einem interaktiven Spielfilm durch das Geschehen geführt. Durch den Wechsel an Spannung und Überraschung sowie primärer und sekundärer Motivation wächst das Kaufverlangen des Kunden von Minute zu Minute.

Das oben gezeigte Beispiel ist aber nur ein Teilabschnitt aus einem Kundengespräch.

♦ **Wer also in der Lage ist, ein unsichtbares Produkt greifbar zu machen, der kann alles verkaufen!**

Man braucht nur ein gut strukturiertes Verkaufsgespräch, welches genügend Beispiele enthält, um den Kunden sekundär zu motivieren und ihn zum Kauf zu animieren. Gelingt das, befindet sich ein solches Verkaufsgespräch bereits in der Abschlußphase, auf die wir jetzt zu sprechen kommen.

2.2 Abschlußtechnik und Entscheidungskonflikte in Verhandlungssituationen

Gehen wir davon aus, daß das Verkaufsgespräch optimal verlaufen ist. Es ist Bedarf vorhanden, das Produkt gefällt und der Geldbeutel stimmt. Eine bestimmte Abschlußtechnik ist dann nicht mehr nötig. Was aber hat Motivation mit der Abschlußtechnik zu tun?

Motivation ist ein aktiver Prozeß. Der Begriff selbst stammt vom lateinischen Wort »motus« oder »movere« ab, was so viel wie »Bewegung«, »bewegen« oder »in Bewegung setzen« heißt. Jegliche Motivation verliert ihren Sinn, wenn nicht anschließend an den Motivationsprozeß eine Handlung oder Aktion erfolgt. Im Bereich des Verkaufs ist dies der Verkaufsabschluß, die Kaufentscheidung und die anschließende Kaufhandlung, die mit dem Erwerb der Ware abgeschlossen wird.

Wie kommt es zur Kaufentscheidung? Wann handelt ein Mensch und wann nicht?

Ein ganz entscheidender Punkt ist die Größe eines Bedürfnisses! Die Kaufentscheidung selbst wird maßgeblich von emotionalen und rationalen Gesichtspunkten bestimmt. Viele Menschen kaufen Dinge, die sie nicht brauchen und die sie sich nicht leisten können. Noch mehr Menschen erwerben Gegenstände, die sie überhaupt nicht benötigen, sich aber leisten können. Die meisten Menschen jedoch kaufen Dinge, die sie zu brauchen glauben und die für sie erschwinglich sind (Abbildung 7).

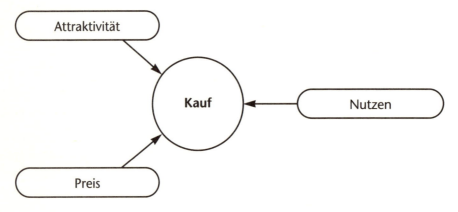

Abbildung 7: Kriterien der Kaufentscheidung

Am wenigsten wird das gekauft, was unattraktiv ist oder nicht gefällt. Wenn das eigene Kind eine Zahnspange braucht, so sieht das bei ihm vorübergehend nicht gut aus, macht aber langfristig Sinn. Es wird sozusagen durch den Erwerb einer unattraktiven Ware (Zahnspange) das erstrebenswerte Ziel anvisiert (schöne Zähne als Erwachsener zu haben). Der Kauf findet auf der Basis rationaler Gesichtspunkte statt. Es handelt sich um ein sekundäres Motivationsziel. Bei Entscheidungen erhebt sich also immer die Frage, ob ein Lustgewinn (primäre Motivation) erzielt werden kann und inwieweit Hoffnung auf Erfolg besteht. Bei sekundären Motivationsprozessen spielt die Angst vor dem Mißerfolg eine nicht unbeträchtliche Rolle: Man befürchtet etwa, von Bekannten ausgelacht zu werden, weil man sich zum Beispiel einen geschlossenen Immobilienfonds hat »aufschwatzen« lassen, obwohl der eigene Verdienst relativ gering ist.

Um Entscheidungsprozesse besser verstehen können, werden wir jetzt noch einmal einen kleinen Ausflug in die Psychologie unternehmen.

Entscheidungskonflikte

Bei Entscheidungsprozessen geht es um den Konflikt von zwei und mehr Handlungszielen. Man unterscheidet interpersonale Konflikte, das heißt Person A hat das Handlungsziel A1 und Person B hat das Handlungsziel B1, wobei A1 und B1 verschieden sind (Abbildung 8).

$$A \rightarrow A_1$$

$$A_1 \neq B_1$$

$$B \rightarrow B_1$$

Abbildung 8: Interpersonaler Konflikt = Interessenskonflikt

Beispiel 1: Der Ehemann möchte sich eine neue Videokamera vom gemeinsam zur Verfügung stehenden Geld zulegen. Die Ehefrau will jedoch eine Woche Urlaub machen.
Beispiel 2: Der Hausbesitzer möchte höhere Mieteinnahmen, die Mieterhöhung geht auf Kosten des Mieters.

Interpersonale Konflikte werden auch als Interessenskonflikte bezeichnet und liegen zwischen den Personen vor.

Konflikte, die sich im Menschen selbst abspielen, werden hingegen intra-personale Konflikte genannt. Bei den meisten Entscheidungsprozessen – vor allem im Verkauf – spielen diese eine maßgebliche Rolle, weshalb sie auch genauer betrachtet werden sollen. Eine Person hat die Handlungsziele C1, C2, C3 usw., die miteinander unvereinbar sind. Sie muß nun entscheiden, welches davon zuerst oder allein anvisiert werden soll. Entscheidungen beinhalten immer emotionale und rationale Prozesse. Rationale Entscheidungsvorgänge laufen nach Brim, Glass, Lavin und Goodman (1962) wie folgt ab:

1. Erfassen des Problems

2. Suche nach Information

3. Suche nach Lösungsalternativen

4. Bewertung der Lösungsalternativen

5. Auswahl einer Alternative

6. Tatsächliche Handlungsausführung

Bei rationalen Entscheidungen geht es ausschließlich um die Abwägung der »Kosten« gegenüber dem »Nutzen« einer Alternative. Kosten sind aber nicht nur materiell (Geldaufwand), sondern auch als emotionaler Aufwand (Mühe, Zu-neigung, Enttäuschung, Statusverlust, Angst etc.) zu verstehen. Nutzen dagegen kann das Gefühl von Zufriedenheit, Sicherheit, Glück, Gewinn von sozialem Ansehen oder die Nähe von geliebten Menschen sein. Das Risiko, eine Fehl-entscheidung zu treffen, wird durch die zusätzliche Beschaffung von Infor-mation minimiert.

Emotionale Entscheidungskonflikte können nach Lewin (1935) wie folgt dargestellt werden:

1. Appetenz-Appetenz-Konflikt (Annäherung – Annäherung)

Es geht um die »Qual der Wahl«. Zwei Ziele, die jeweils erstrebenswert, aber unvereinbar sind, stehen als Alternativen zur Verfügung.

– Der Mitarbeiter hat die Wahl, an einem Vortrag über Motivation teilzu-nehmen oder ein vielversprechendes Kundengespräch zu führen.
– Der Kunde hat die Wahl, eine kosten- und steuergünstige Immobilie oder für das gleiche Geld Aktien mit hohen Erfolgsaussichten zu erwerben.

2. Appetenz-Aversions-Konflikt (Annäherung – Vermeidung)

Ein Ziel hat sowohl eine erstrebenswerte als auch eine negative Komponente, die in Kauf genommen werden muß.

– Der Kunde sieht die Vorteile beim Abschluß einer Lebensversicherung für sich und seine Familie, aber der Beitrag von 150 DM pro Monat ist ihm zu hoch.
– Dem Kunden gefällt das angebotene Mobiltelefon vor allem in Hinblick darauf, »in« zu sein. Als Privatmann wird er es jedoch nur selten benutzen.
– Die Hausfrau würde zwar gerne die Kochtopfserie kaufen, um fettfrei kochen zu können. Sie besitzt jedoch schon etliche Teflonpfannen und -töpfe. Daher braucht sie eigentlich kein zweites Set.

Kaufabschlüsse unterliegen häufig dieser Konfliktform. Man könnte sie als den »klassischen« Kaufkonflikt bezeichnen.

3. Aversions-Aversions-Konflikt (Vermeidung – Vermeidung)

Es geht darum, das kleinere Übel zu wählen. Beide Handlungsziele sind negativ belegt, trotzdem muß man sich für eines von beiden entscheiden.

– Der Mitarbeiter hat die Wahl, einem Kunden, der sich beschwert hat, einen Besuch abzustatten oder weitere Verkaufstermine zu vereinbaren, was ihm sehr unangenehm ist und schwerfällt.

4. Doppelter Appetenz-Aversions-Konflikt (Doppelte Annäherung – Vermeidung)

Es handelt sich um zwei unterscheidbare Teilkonflikte. Im Grunde geht es um einen Spezialfall des zweiten Punktes (Annäherung – Vermeidung), der weiter aufgegliedert wird.

– Der Kunde würde sich gerne das Time-sharing-Objekt in Spanien kaufen. Es kostet viel Geld und hat zur Folge, daß die nächsten Jahre keine weiteren Anschaffungen möglich sind. Auf der einen Seite reizt es ihn, seine Bekannten vor Neid erblassen zu sehen, auf der anderen Seite hat er Angst, ausgelacht zu werden.

Diese Konfliktsituation ist vor allem dann zu beobachten, wenn Menschen Statussymbole erwerben, die ihren Etat stark belasten oder überfordern. Im

Verkauf kommen sehr oft mehrfache Appetenz-Aversions-Konflikte zum Tragen. Die Teilkonflikte können dabei sehr komplex aufgegliedert sein.

Ein bedeutendes Kriterium bei Entscheidungen ist die Entscheidungszeit. Je länger die Wahl einer Alternative in einer Entscheidungssituation dauert, desto schwieriger scheint die Entscheidung gewesen zu sein. Je komplexer also ein Verkaufsgespräch verläuft, um so eher ist zu erwarten, daß der Kunde nicht sofort abschließt. Wir haben den sogenannten »Überleger« vor uns. Hat der Kunde die Entscheidung getroffen, nicht sofort abzuschließen bzw. kann er sich nicht entscheiden, so reagieren neun von zehn Kunden mit dem Hinweis, »es sich überlegen« oder »eine Nacht darüber schlafen« zu wollen.

Die Verkaufsstatistiken zeigen aber, daß nur einer von drei Überlegern im nachhinein abschließt. Emotionale Entscheidungen werden durch affektive Elemente beschleunigt. Gelingt es dem Verkäufer durch seine Begeisterung, die er an den Tag legt, den Kunden mitzureißen, so führt diese emotionale Hochstimmung (enormer mentaler Lustgewinn) häufig zu spontanen Kaufentscheidungen. Jetzt wird verständlich, warum Topverkäufer phantastische Abschlußzahlen vorzuweisen haben. Sie geben ihrem Kunden das Gefühl, der wichtigste Mensch auf der Welt zu sein. Der Kunde kauft, weil er seinen Appetenz-Aversions-Konflikt überwindet.

Wie gelingt das?

Die Überwindung des Entscheidungskonfliktes

Eine Möglichkeit besteht darin, auch dem negativen Teil des Entscheidungskonflikts einen oder mehrere positive Aspekte abzugewinnen:

> *Sicher handelt es sich um 200 Mark, die man Monat für Monat auf die Seite bringen muß, aber normalerweise würde das Geld sowieso nur für sinnlose Dinge ausgegeben.*

> *Die Kochtöpfe braucht man zwar nicht sofort, aber das Teflongeschirr verkratzt mit der Zeit, und dann hat man eine echte Alternative im Schrank stehen, ohne sich erneut entscheiden zu müssen.*

♦ *In der Abschlußphase eines Verkaufsgesprächs geht es darum, dem Kunden zu helfen, seinen Entscheidungskonflikt zu lösen.*

Dies kann zum Beispiel mit rationalen Hilfsmitteln, wie dem eines Entscheidungsschemas geschehen (Abbildung 9).

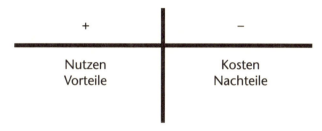

Abbildung 9: »Adenauerkreuz« als Entscheidungshilfe

Viele Kunden treffen ihre Entscheidungen bereits zu Beginn eines Verkaufsgesprächs. Der emotionale Einfluß während eines Entscheidungsprozesses ist enorm groß und beginnt bereits mit dem Verkaufsgespräch selbst. »Verkäufer«, die glauben, innerhalb von fünf Minuten etwas »verkaufen« zu können, sehen sich zumeist anhand ihrer Verkaufsstatistiken eines Besseren belehrt. Das Kundengespräch darf aber auch nicht zu lange dauern.

Warum treffen die meisten Menschen ungern Kaufentscheidungen? Die Antwort lautet: Weil sie Angst vor einer Fehlentscheidung haben. Diese hätte einen Verlust des positiven Selbstbilds und somit des Selbstwertgefühls zur Folge und würde eventuell zukünftige Entscheidungen verhindern. Es hängt nämlich stark von der Entwicklung eines Menschen ab, ob er dazu neigt, Entscheidungen herbeizuführen oder den Dingen ihren Lauf zu lassen (Abbildung 10).

Abbildung 10: Entscheidungskontinuum

Es stellt sich mit jedem Entscheidungskonflikt die Frage, ob man die positiven Aspekte vor Augen hat (Positivdenker = Hoffnung auf Erfolg) oder ob die Angst vor den negativen Folgen eine größere Rolle spielt (Negativdenker = Angst vor Mißerfolg). Am Entscheidungsverhalten des Kunden ist dessen Persönlichkeitsprofil abzulesen. Hat man Kunden , die sich vor Entscheidungen drücken (Mehrzahl!), muß man als Entscheidungshelfer agieren. Entscheidungen führen zum Abbau von Spannungen (Kaufdruck). Sie vermitteln das Gefühl von Stärke und sind geeignet, das Selbstbewußtsein zu stärken: »Besser eine falsche Entscheidung als gar keine!« Dem Kunden bringt es das Glücksgefühl, eine tolles Produkt erworben zu haben. Für den Verkäufer ist es ein Erfolgserlebnis und Bestätigung seiner Qualität. Wer Entscheidungen herbeiführen will, sollte wissen, welche Faktoren während eines Entscheidungsprozesses Einfluß haben:

● Die Tendenz, sich einem erwünschten Ziel anzunähern, wächst mit der Nähe zum Ziel.

● Die Tendenz, sich von einem gefürchteten Ziel zu entfernen, wächst ebenfalls mit der Nähe zum Ziel.

● Man entfernt sich in der Regel eher von einem gefürchteten Ziel, als sich einem erwünschten Ziel anzunähern.

● Frustration entsteht dann, wenn andere (eigene) Motive eine bestimmte Befriedigung verhindern.

● Frustrationen erzeugen einen negativen Affekt der Unlust – im stärkeren Fall Angst.

● Verstandesmäßige Prozesse ermöglichen die Verarbeitung von Entscheidungskonflikten.

● Reaktionsweisen auf Angst sind:
  – Aufschub der Befriedigung,
  – Suche nach Umwegen zum Ziel,
  – Versuch der Befriedigung von anderen Objekten,
  – Abwehrmechanismen (Ziel wird aufgegeben).

● Unter Abwehrmechanismen sind folgende unbewußte Aktionen zu verstehen:
  – *Verdrängung:* Angstauslösende Bedürfnisse, die nicht befriedigbar sind, werden vom Bewußtsein ferngehalten.
  – *Identifikation:* Bedürfnisse, die nicht befriedigt werden können, werden durch Bedürfnisse ersetzt, die von anderen Personen übernommen sind.

– *Projektion:* »Verbotene« Bedürfnisse, die nicht befriedigt werden können, werden durch Bedürfnisse ersetzt, die bei anderen Personen wahrgenommen werden.
– *Reaktionsbildung:* An die Stelle des nicht zu befriedigenden Bedürfnisses tritt ein gegenteiliges.
– *Sublimierung:* Bedürfnisse, die nicht zu befriedigen sind, werden auf sozial akzeptable Weise zu befriedigen versucht.
– *Rationalisierung:* Bedürfnisse, die nicht befriedigt werden (können), werden vernunftmäßig als unerwünscht begründet (das Auto ist sowieso zu teuer, braucht zu viel Benzin, der Kofferraum ist zu klein usw.).
– *Regression:* Es erfolgt ein Rückzug auf eine entwicklungsmäßig frühere Form der Bedürfnisbefriedigung.
– *Kompensation:* Das nicht zu befriedigende Bedürfnis wird durch die intensive Befriedigung eines anderen ersetzt (Ersatzbefriedigung).

Die Abwehrphase

Am Ende eines Verkaufsgesprächs passiert es sehr oft, daß der Kunde »zuzumachen« beginnt. Er verschließt die Arme vor der Brust, lehnt sich zurück, dreht den Kopf zur Seite, steht auf und geht einer (anderen) Tätigkeit nach oder macht eine abwehrende Handbewegung. Dies sind nur einige körpersprachliche Signale, die zum Ausdruck bringen: »Mir reicht es jetzt. Ich will nichts mehr hören. Ich will keine Entscheidung treffen.«

Der Kunde befindet sich bereits in der Abwehrphase. Egal ob man etwas »verkauft« oder in einer Verhandlungssituation ist – das Verhalten ist praktisch immer ähnlich. Haben erst einmal Abwehrmechanismen des Kommunikationspartners eingesetzt, wird es sehr schwer, den Abschluß noch zu retten. Abwehrreaktionen erfolgen meist unbewußt und sind emotionaler Natur. Die Argumente, die der Kunde vorbringt, um nicht abschließen zu müssen, werden als Scheinargumente bezeichnet. Sie haben, wie das Wort schon aussagt, nur scheinbar sachlichen Charakter.

Versuche, Kunden mit rationalen (sachlichen) Argumenten beizukommen, scheitern häufig bereits im Ansatz.

Der Abschluß des Verkaufsgesprächs

Am Schluß eines Verkaufsgesprächs müssen die Bedürfnisse und Handlungsziele des Kunden klar erkennbar sein – vor allem für den Kunden selbst. Die anschließende Abschlußphase gestaltet sich wie folgt:

● kurze Zusammenfassung des Kundengesprächs

● Fragen abklären

● Was hat dem Kunden am besten gefallen? Wo sieht er die Stärken des Produkts?

● Gibt es irgendwelche Punkte, mit denen er nicht einverstanden ist bzw. die ihm nicht gefallen?

● Für welchen Betrag hat er sich entschieden? Wieviel Geld will er anlegen? Welche Menge von Produkt A, B oder C will er erwerben?

Bei Abschluß:

● Kaufvertrag

● Aushändigung der Ware

● kurze Erläuterung

● Empfehlungsgeschäft = Neukundengewinnung

Reaktion beim Nichtabschluß:

● Grund feststellen – kommt häufig vom Kunden selbst!
   – »Überleger« (»Möchte ich mir noch überlegen«) – Entscheidungskonflikt
   – kein Geld (»Kann ich mir nicht leisten«) – Bonität
   – Vergleich (»Muß noch vergleichen«) – Vertrauen
   – bereits vorhanden (»Im Prinzip habe ich das schon«) – Bedarf, Attraktivität
   – kein Bedarf (»Brauche ich nicht«)

● Verständnis zeigen

> *Es ist mir völlig klar, Herr Kunde, daß Sie noch überlegen wollen, ich würde das an Ihrer Stelle auch tun!*

● Isolationsfrage

> *Herr Kunde, ist dies der einzige Grund, der Sie abhält, dieses Produkt zu erwerben?*

Wenn weitere Gründe genannt werden, sind diese auf ein leeres Blatt zu notieren.

● Abschlußfrage

> *Herr Kunde, wenn wir Ihre Bedenken ausräumen, diese Punkte positiv abklären, können wir dann »Nägel mit Köpfen« machen?*

● Gesprächsabbruch: Warum nicht?
  Plus-Minus-Liste: negative Aspekte ins Positive kehren bzw. positive Seiten des Produkts aufzeigen

Strategien für »Überleger«

Schwierig zu fassen ist der »Überleger«, da er den konkreten Grund des Nicht-abschlusses nicht angibt. Eine mögliche Strategie sei hier kurz aufgezeigt:

> *Lassen Sie uns gemeinsam überlegen – was spricht dafür, was dagegen. Der alte Adenauer mußte als Bundeskanzler ständig eine Menge an Entscheidungen treffen. Um sich möglichst sicher zu sein, verwendete er ein Liste, in der er alle Vor- und Nachteile einander gegenüberstellte und sich dann überlegte, welche Seite mehr zu gewichten war.*
> *Herr Kunde, was glauben Sie, wie Konrad Adenauer entschieden hätte?*

Kunde will es sich trotzdem überlegen:

> *Herr Kunde, mir ist völlig klar, daß Sie nichts übers Knie brechen wollen. Welche Gesichtspunkte muß man eigentlich beachten, wenn man etwas kauft? Egal, ob man drei Monate, drei Tage oder drei Minuten nachdenkt – es werden sich immer dieselben drei Fragen auftun:*
>
> *– Brauche ich es?*
>
> *– Gefällt es mir?*
>
> *– Kann ich es mir leisten?*

Herr Kunde, sind Sie der Meinung, daß dieses Produkt für Sie wichtig ist und warum?

[reden lassen]

Herr Kunde, wie gefällt Ihnen das Produkt? Gibt es irgendeinen Grund, warum Sie nicht kaufen würden?

– Nein –

Herr Kunde, wir haben uns vorhin über den finanziellen Aspekt unterhalten. Dabei kamen wir zu einem für Sie optimalen Verhältnis, was Preis und Leistung angeht. Hat sich in der Zwischenzeit etwas geändert?

– Nein –

Herr Kunde, ist also soweit alles klar?

– Ja –

Können wir nun Nägel mit Köpfen machen?

Ja – Abschluß!

Nein – Gespräch abbrechen und einen neuen Besuchstermin vereinbaren (innerhalb der nächsten drei Tage). – Nicht fragen: »Schließen Sie ab?«, sondern: »Wieviel wollen Sie kaufen?«.

2.3 Zusammenfassung

Je reibungsloser ein Verkaufsgespräch abläuft, um so einfacher und schneller ist eine Kaufentscheidung herbeizuführen. Wichtig ist, daß es gelingt, die Motivstruktur des Kunden zu erkennen, den Erklärungsbedarf zu befriedigen und die Darstellung der Produktqualität zu optimieren.

Verkaufsabschlüsse in größeren Dimensionen (zum Beispiel Maschinenpark im Wert von zehn Millionen Mark) bedürfen mehrfacher Gespräche. Manchmal dauert es Monate oder Jahre bis man zum Ziel gelangt. Die Entscheidungen werden nach rationalen Gesichtspunkten und häufig von mehreren Personen gemeinsam getroffen.

Wenn die Regeln zur Motivation beachtet werden, lassen sich vor allem im »normalen« Vertrieb gute Abschlußergebnisse erzielen. Wer die persönlichen Motive seines Verhandlungspartners kennt und für sich umzusetzen weiß, wird in Entscheidungsprozessen sein persönliches Handlungsziel eher erreichen.

Ein Verkaufsabschluß ist nur dann als erfolgreich anzusehen, wenn er beiden Seiten Vorteile bringt. Einen Kunden durch ein schnelles Geschäft zu verlieren (über den Tisch ziehen), hat nicht nur Blessuren am eigenen Image zur Folge, sondern mindert die Chancen auf die Erweiterung des Kundenstammes enorm. Sekundäre Motivation beinhaltet, daß man zur Erreichung eines Oberziels auch manchmal Verzicht nach dem Motto »Weniger ist mehr« üben muß.

Die Aussage vieler Verkäufer, der Kunde habe zwar nicht abgeschlossen, aber man habe ein gutes Verkaufsgespräch geführt, ist prinzipiell nur dann zu akzeptieren, wenn der Kunde kein Geld hatte. Als »gut« sind Verkaufsgespräche nur dann zu bezeichnen, wenn sie Kaufentscheidungen des Kunden zur Folge haben. Von gelungener Motivation kann man dann sprechen, wenn Handlungsziele realisiert werden.

Teil 3:

Motivation und Führung

Die meisten Führungskräfte in Vertrieben waren zuvor im Verkaufsaußendienst tätig und wissen sehr genau, wie knochenhart dieses Geschäft ist. Die Bandbreite der Abschlußverhältnisse variiert je nach Branche, Produktsortiment und Qualität der Verkäufer von 1 : 1 bis zu 50 : 1. Der geschäftliche Alltag im Außendienst wird demzufolge zum Großteil durch »Mißerfolge« in der Form von Nichtabschlüssen und damit für die Verkäufer verbundenen psychischen Konsequenzen geprägt. Deshalb muß der Motivation von Mitarbeitern ein besonderer Stellenwert zukommen.

Viele Außendienste werden gemäß den überkommenen Vorstellungen von »Zuckerbrot und Peitsche« geführt. Vertriebsleiter vergessen relativ schnell, ihre verkäuferischen Qualitäten auch im Bereich der Führung einzusetzen. Führung ist nichts anderes als eine anspruchsvolle Verkaufsherausforderung an die betreuenden Führungskräfte. In diesem Teil soll gezeigt werden, welche Motivstrukturen Außendienstmitarbeiter haben und wie ein Vertrieb motiviert (geführt) werden sollte.

3.1 Das Leistungsmotiv

Verkäufer werden an ihren Umsätzen gemessen. Will man ein faires Bewertungssystem zur Leistungsbeurteilung einsetzen, so ist die Umsatzgröße am besten geeignet. In bestimmten Branchen spielt ein zweiter Faktor – die Qualität des vermittelten Geschäfts – eine nicht unbedeutende Rolle. Ist die Leistungsmotivation gleich Null, so wird auch kein Umsatz produziert. Dem Leistungsmotiv kommt damit eine besondere Bedeutung zu.

● Was ist ein Leistungsmotiv?

● Wie entsteht das Leistungsmotiv?

● Welche Faktoren beeinflussen die Ausprägung der Größe eines Leistungsmotivs?

Wenn wir diese Fragen positiv beantwortet haben, verstehen wir, warum manche Mitarbeiter leistungsmotivierter als andere sind und wie es uns gelingt, die Leistungsmotivation zu verbessern. Es gibt nämlich grundsätzlich keine »faulen«, sondern nur schlecht motivierte Mitarbeiter.

Wie entwickelt sich das Leistungsmotiv?

Schon Säuglinge und Kleinkinder im Alter von sechs Monaten aufwärts haben Freude am Effekt, das heißt, eine Handlung (zum Beispiel Herunterwerfen eines Gegenstandes) wird unermüdlich wiederholt. Der Zusammenhang von Ursache und Wirkung – das Kind erkennt sich als Ursache der Lärmerzeugung – wirkt selbstbelohnend und bedarf keiner Verstärkung von außen. Der nächste Schritt in der Entwicklung ist das »Selbermachen-Wollen«. Bereits mit Ende des ersten Lebensjahres ist diese Tendenz ausgeprägt zu beobachten. Das Kind ist nun in der Lage, den Zusammenhang von Ursache (sich selbst) und Wirkung (Erreichung des Handlungsziels) zu erfassen. Diese ersten Erfolgserlebnisse haben einen bedeutsamen Lustgewinn zur Folge. Das Kind ist stolz auf seine Leistung!

Leistungsmotivation beginnt aber erst, wenn das Kind in der Lage ist, zwischen schwierigen und leichten Aufgaben bzw. zwischen besser und schlechter zu unterscheiden. Dies gelingt Kindern am besten im Vergleich mit anderen (schneller laufen, weiter werfen, eine Aufgabe schneller erledigen). Bei komplexen Leistungen kann das Kind Leistungsunterschiede jedoch nur schwer einschätzen. Ab einem gewissen Punkt beginnen Kinder, Normen für das eigene Handeln bzw. für Leistung zu setzen. Diese führen dann zu den bekannten

Erfolgs- bzw. Mißerfolgserlebnissen. Es wird also nicht mehr nur nach dem Gelingen oder Mißlingen einer Handlung entschieden, sondern ob man oberhalb bzw. unterhalb der eigenen Norm liegt. Wie entstehen diese Normen?

Normwerte können sich aus der Auseinandersetzung mit einer Aufgabe ergeben, wobei die Normwerte mit der Zeit immer wieder korrigiert werden. Sie können aber auch von außen durch Bezugspersonen (sozial vermittelt) oder die Umwelt (zum Beispiel das Fernsehen) verinnerlicht werden (zum Beispiel, daß Kinder mit vier Jahren auf einem Bein hüpfen können müssen). Bei der Entwicklung des Leistungsmotivs können drei Stadien unterschieden werden:

1. Das autonome Leistungsmotiv
   Das Kind setzt sich eigene Maßstäbe aufgrund der erfahrenen Leistungs-möglichkeiten (Vorschulalter).

2. Das »soziale« oder normative Leistungsmotiv
   Es erreicht im Schulalter zwischen sieben und neun Jahren einen Höhepunkt. Die Normen werden durch die Gruppe (Schulklasse) vorgegeben.

3. Das »integrierte« Leistungsmotiv
   Beide Motivarten werden zusammengeführt.

Das Leistungssystem bildet den Prototyp eines zusammengesetzten Systems, des Konfliktpaars von Hoffnung auf Erfolg und der Furcht vor Mißerfolg. Bei zu leichten Aufgaben ist der Erfolg gewiß, bei zu schweren Aufgaben muß man mit einem Mißerfolg rechnen. Dieser Konflikt kann vor allem dann außerordentlich stark werden, wenn es um die Erreichung von Höchstleistungen geht. Man denke nur an das Endspiel bei einer Fußballweltmeisterschaft – die Zuschauer identifizieren sich mit einer Mannschaft. In dieser Situation liegen Erfolg und Mißerfolg nahe beieinander, was den emotionalen Spannungszustand enorm erhöht. Für die Setzung eines Anspruchsniveaus sind folgende Faktoren ausschlaggebend:

● einseitige Gerichtetheit der Zielsetzung gegen die obere Schwierigkeitsgrenze

● realistische Zielsetzung (Erfassung der Grenzen der eigenen Leistungs-fähigkeit)

● nicht erreichte Ziele werden erneut in Angriff genommen

● persönlichkeitsspezifische Setzung des Anspruchsniveaus (erfolgs- versus miß-erfolgsorientiert)

Wir können also erkennen, daß sich das Leistungsmotiv bereits in frühester Kindheit ausbildet. Welche Faktoren beeinflussen die Entwicklung des Leistungsmotivs in positiver und negativer Hinsicht?

Die nachfolgende Aufstellung enthält hierzu die wichtigsten Anhaltspunkte:

1. Erziehung zur Selbständigkeit
Etwas selbst machen zu wollen, ist der Vorläufer für Leistungsmotivation! Entscheidend ist nicht der möglichst frühe Zeitpunkt der Erziehung zur Selbständigkeit, sondern ihre Entwicklungsangemessenheit. Überforderung führt zur Mißerfolgsangst, einer Reduzierung des Selbstwertgefühls und damit des Selbstbewußtseins (Abbildung 11).

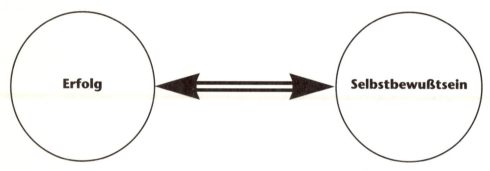

Abbildung 11: Die Wechselwirkung von Erfolg und Selbstbewußtsein

In einer Untersuchung des Fels Research Institute zeigte sich, daß die am stärksten motivierten Frauen von ihren Müttern schon in den ersten Lebensjahren zur Selbständigkeit erzogen und zur fortlaufenden Leistungssteigerung angehalten wurden. Die starke Leistungsmotivation kam aber erst im Erwachsenenalter zum Durchbruch, während sie in der Kindheit verborgen oder gehemmt blieb. Bei Jungen lagen die Zusammenhänge genau andersherum. Setzte der Leistungsansporn nach einem »behütenden« Erziehungsverhalten nach dem dritten Lebensjahr ein, so bewirkte dies ausgeprägtes Leistungsverhalten.

2. Erziehung durch Bekräftigung (Verstärkung)
Eltern, die selbst ein hohes Anspruchsniveau haben, positive Verstärkung bevorzugen und den Kindern größere Selbständigkeit einräumen, fördern die Leistungsmotivation ihrer Kinder. Eltern, die ihre Kinder tadeln und ein-

engen und selbst nur ein niedriges Anspruchsniveau besitzen, hemmen die Leistungsmotivation ihrer Kinder.

3. Nachahmung
Leistungsverhalten und -motivation wird auch auf dem Weg der Nachahmung aufgebaut. Sind die Eltern hochmotiviert, so haben sie auch eher hochmotivierte Kinder und umgekehrt. Dasselbe gilt natürlich auch im Erwachsenenalter! Hochmotivierte Vorgesetzte haben auch häufig hochmotivierte Mitarbeiter!

4. Umwelt
Ein mittlerer Anregungsgehalt, der durch die Umwelt gegeben ist, regt besonders zu Leistungsverhalten an. Hohe Anregungsgehalte führen zur Übermotivation, zu wenig Anregung hat keinen Einfluß (Abbildung 12).

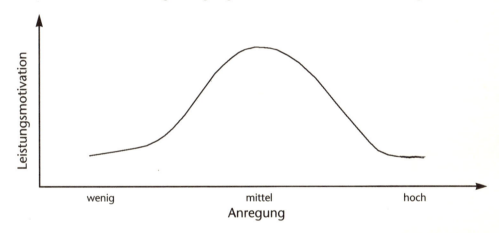

Abbildung 12: Der Zusammenhang zwischen Leistungsmotivation und Anregung

5. Soziale und kulturelle Unterschiede
Je höher der Sozialstatus der Familie ist, um so größer ist die Ausprägung der Leistungsmotivation. Die mit der Schichtzugehörigkeit gekoppelten Erziehungsstile, zum Beispiel Bekräftigung versus Tadel und der entsprechende Umgang miteinander, tun ihr übriges bei der Ausbildung bzw. Hemmung der Leistungsmotivation. Die Ausführungen gelten aber nur für den abendländischen Kulturkreis.

6. Häufigkeit von Leistungssituationen
   Je öfter Menschen Leistungssituationen ausgesetzt sind, um so ausgeprägter
   ist auch ihre Leistungsmotivation. Entscheidend ist allerdings, inwieweit die
   Erfolge die Mißerfolge – Begeisterung an Stelle von Frustration – überwiegen.

7. Konstanz
   Das Leistungsmotiv ist eine sehr konstante Eigenschaft innerhalb der
   Persönlichkeitsstruktur eines Menschen. Individuelle Unterschiede prägen
   sich schon bis zum Alter von sechs Jahren aus und bleiben dann ein Leben
   lang erhalten.

8. Inhaltliche Veränderungen
   Ziele und Anspruchsniveaus ändern sich vielfach radikal während des Lebens.
   Verlagerungen in den Freizeitbereich wie auch im Beruf sind zu beobachten.

Überträgt man diese Erkenntnisse auf den Bereich der Führung (= Motivation
von Mitarbeitern in Vertrieben und Außendiensten), so werden die Zusammenhänge klar. Die Regel von Pareto besagt, daß Leistung im Verhältnis 80 zu 20
erbracht wird, das heißt, daß 20 Prozent der Verkäufer 80 Prozent des Umsatzes
bewirken. Es liegen also 80 Prozent an praktischem Potential brach. Gelänge es,
mehr Mitarbeiter zur Leistungssteigerung zu motivieren, wären Umsatzzuwächse
von 100 Prozent und mehr pro Jahr durchaus im Bereich des Möglichen. Bestes
Beispiel sind funktionierende Strukturvertriebe, da deren Mitarbeiter im Verlauf
ihrer Tätigkeit das Leistungsprinzip so verinnerlichen, daß die meisten von
ihnen ständig hochmotiviert sind.
    Im weiteren Verlauf dieses Buches werden wir noch auf die praktischen Maß-
nahmen zur Außendienstmotivation zu sprechen kommen.

3.2 Das Neugiermotiv

Was man bei Erwachsenen als »Interesse« bezeichnet, ist bei Kindern die »Neugier«. Sie gehört zu den menschlichen Grundbedürfnissen, wird aber häufig in der Kindheit durch das Erziehungsverhalten der Eltern eingeschränkt. Neugier ist eine notwendige Voraussetzung für die Entwicklung von Kreativität und Intelligenz.

Beschäftigt man sich näher mit dem Neugiermotiv, so kann man einige Parallelen zum Leistungsmotiv erkennen. Neugier ist, wie das Wort schon sagt, ein Verhalten, das die Suche nach Neuem oder Unbekanntem beinhaltet. Dabei entwickelt sich in der Praxis der Konflikt zwischen dem Aufsuchen und Meiden von neuen Situationen. In der Kindheit kann man verschiedene Verhaltensklassen ausmachen:

a) Das Umfeld (Objekt) wird systematisch oder planlos erforscht – zum Beispiel ein Schrank wird geöffnet und der gesamte Inhalt ausgeleert.

b) Einem Objekt werden durch die Art des Umgangs mit ihm neue Seiten abgewonnen – zum Beispiel wird eine Rassel nicht nur geschüttelt, sondern detailliert betrachtet etc.

c) Bringt ein bestimmtes Objekt in einer Situation keine neuen Aspekte mehr hervor, so wird es umgedeutet – zum Beispiel entdeckt man während eines Vortrags in der Krawatte des Referenten ein Blau, das an die Farbe des karibischen Meers erinnert.

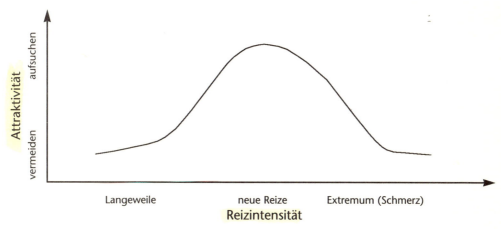

Abbildung 13: Der Zusammenhang von Attraktivität und Reizintensität

Neugier bleibt solange bestehen, solange es sich um »neue« Reize handelt. Bleibt der Reiz konstant, so wendet man sich ab. Das Neue ist nur insofern attraktiv, soweit es nicht zu vertraut (Langeweile) oder zu fremd (Angst und Unbehagen) ist. Das Neugiermotiv läßt sich als ein Wechselspiel von Hoffnung auf Neues und Interessantes und Furcht vor unangenehmen und erschreckenden Ereignissen verstehen (siehe Abbildung 13 auf der vorhergehenden Seite).

Ab einer bestimmten Stufe ist die verstandesmäßige Entwicklung so vorangeschritten, daß Konflikte entstehen:

● Zweifel – die Tendenz zu glauben oder nicht zu glauben (»Glaube an den Osterhasen«)

● Verwirrung – mehrere Überzeugungen sind gleich sicher oder wahrscheinlich

● scheinbarer Widerspruch von Sachverhalten (Säugetier, das Eier legt; weiblicher Priester)

Je mehr Wissen sich jemand im Laufe seines Lebens aneignet, um so neugieriger – sprich: interessierter – wird er, da sich immer neue Fragen ergeben.

Die Entwicklung von Interessen ist vorwiegend vom Angebot abhängig, das durch die Umwelt erfolgt. Es darf sich hierbei aber nicht nur um rein theoretische Möglichkeiten handeln, sondern der praktische Bezug muß gewährleistet sein.

Das Wecken und die Aufrechterhaltung von Interessen ist das Hauptziel jeglicher Werbung. Interessen bilden die Vorstufe zur Entwicklung von Kaufmotiven (»Auf den Geschmack kommen«). Je stärker zum Beispiel das Neugiermotiv bei Verkäufern ausgebildet ist, um so eher sind sie in Verkaufssituationen in der Lage, Kunden zu überzeugen. Neugier hat nämlich auch eine Steigerung der Kreativität und Phantasie zur Folge. Die zeigt sich unter anderem in der sprachlichen Ausdrucksweise. Die Anzahl der Kundenkontakte ist indirekt ein Indikator, wieweit das Neugiermotiv bei Verkäufern entwickelt ist.

Das Neugiermotiv ist als Merkmal relativ konstant, was bestimmte Altersgruppen anbelangt – Menschen eines bestimmten Alters haben ähnliche Interessen (und damit Kaufmotive). Interessensveränderungen zeigen gravierende Unterschiede zwischen Männern und Frauen, das heißt, innerhalb einer Altersgruppe muß nochmals differenziert werden. Erwachsene, die im Berufsleben stehen, sind hinsichtlich Zeit (Beruf) und Geld (Verdienst) Grenzen gesetzt, was die Befriedigung von Interessen (zum Beispiel Hobbys) angeht. Das ist vermutlich auch der Grund, warum gerade »jüngere« Menschen häufig kreativer und phantasievoller sind.

Im Lebenslauf eines Menschen bestimmt die berufliche Tätigkeit auch seine Persönlichkeitsentwicklung. Jeder Beruf wird andererseits auf Grund eines bestimmten Interesses angestrebt. Um besser verstehen zu können, warum jemand einen bestimmten Beruf ausübt, sollen an Hand des Neugiermotivs die einzelnen Phasen, die zu einer bestimmten Berufswahl führen, aufgezeigt werden:

1. Phantasiestadium (Lokomotivführer – Pilot – Astronaut)

   Der Traumberuf wird angestrebt – ohne Rücksicht auf Fähigkeiten, Ausbildung, Status und Einkommen.

2. Versuchs- oder Probierstadium

   a) Interessensperiode

   Interessen und Vorlieben bestimmen die Berufswahl.

   b) Fähigkeitsperiode

   Anforderungen werden erkannt und in Beziehung zu den eigenen Fähigkeiten gesetzt.

   c) Wertperiode

   Die eigenen Fähigkeiten und Überzeugungen werden zur Grundlage des Berufswunsches gemacht.

3. Realismusstadium

   Eine endgültige Entscheidung wird getroffen – man bereitet sich auf seinen Hauptberuf vor.

Die wenigsten Menschen können jedoch so ideal, wie hier vorgestellt, zu ihrem Beruf gelangen. Vielmehr ist es so, daß der Berufsalltag viele im nachhinein zur Überzeugung gelangen läßt, nicht unbedingt ihren Traumberuf ergriffen zu haben. Wer zum Beispiel als Personalleiter im Vertrieb Führungskräfte oder Verkäufer einstellt, sollte sich schon darüber im klaren sein, daß nicht der »Idealismus«, sondern der Geldbeutel die Triebfeder zu einer derartigen Tätigkeit ist.

Zusammenfassend kann also gesagt werden, daß das Neugiermotiv ein Charakteristikum für einen erfolgreichen Außendienstmitarbeiter ist. Mitarbeiter, die über wenig Phantasie und Kreativität verfügen, haben in einem Vertrieb nichts verloren. Sowohl die Neugiermotivation als auch die Leistungsmotivation sind geprägt von der Hoffnung auf Erfolg oder der Angst vor Mißerfolg. Wenn sich das Anregungsniveau – Situationen sind nicht zu vertraut, aber auch nicht zu fremd – in einer mittleren Bandbreite bewegt, ist die Handlungsmotivation optimal. Inwieweit nun beide Motivarten oder Persönlichkeitsmerkmale für eine effektive Motivation herangezogen werden können, werden wir im anschließenden Kapitel erfahren.

3.3 Zielsetzung und Handlungsmotivation

♦ *Zufriedenheit ist ein Zustand, der eintritt, wenn die Lebensführung eines Menschen seinem Wesen entspricht!*

Dieser Leitsatz sollte die Grundlage für jede ethisch korrekte Motivation von Menschen sein. Wir werden jetzt nicht nur über das »Management by Objectives«, das heißt Zielsetzungen in der Vertriebsführung, sondern über Maßnahmen zur Umsatzsteigerungen von Außendiensten reden.

Nur wer sich über seine eigenen Zielsetzungen im klaren ist, kann anderen bei der Erreichung ihrer Ziele helfen. Mitarbeiter, die schlecht oder unmotiviert sind, haben entweder überhaupt keine, unklare oder unrealistische Zielsetzungen. Eine Führungskraft sollte Antworten auf folgende Fragen haben:

● Warum geht der Mitarbeiter einer Vertriebstätigkeit nach?

● Handelt es sich um einen neben- oder hauptberuflichen Mitarbeiter?

● Welche Motive oder Bedürfnisse hat der Mitarbeiter?

● Wie sehen seine Zwischen- und Oberziele aus?

● Wie ist die Persönlichkeit des Mitarbeiters strukturiert?

● Sind die Zielsetzungen mit den Persönlichkeitseigenschaften vereinbar, das heißt, ist der Mitarbeiter theoretisch und praktisch in der Lage, seine Zielsetzungen zu erreichen?

● Ist der Mitarbeiter ein Mißerfolgsmensch (Angst vor Mißerfolg überwiegt die Hoffnung auf Erfolg) oder ein Erfolgsmensch (umgekehrt)?

● Wie stellt sich die augenblickliche private und geschäftliche Lebenssituation des Mitarbeiters dar?

● Welchen realistischen Beitrag kann der Mitarbeiter zur eigenen Zielerreichung erbringen?

Sind Zielsetzungen erst einmal klar formuliert (immer schriftlich!) und verinnerlicht, sollten den Worten und Planungen Taten folgen. Je näher sich ein Mitarbeiter an einem Ziel befindet, um so größer ist seine Handlungsmotivation, sprich Aktivität, in der Umsetzungsphase. Dabei müssen Oberziele immer in Zwischen- und Teilziele zerlegt werden. Der sekundäre Motivationsprozeß (Erreichung des Oberziels) kann nur in Gang gehalten werden, wenn zwischendurch Ziele erreicht werden (Abbildung 14 und 15).

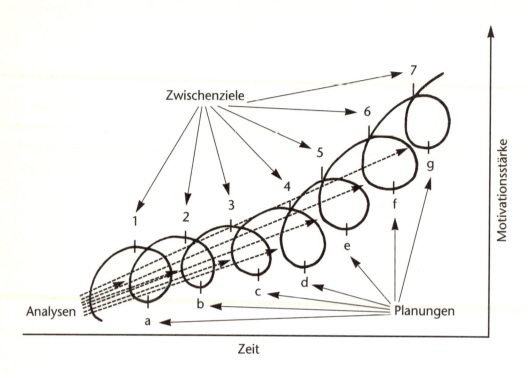

Abbildung 14: Motivationsspirale des Zielsetzungsprozesses

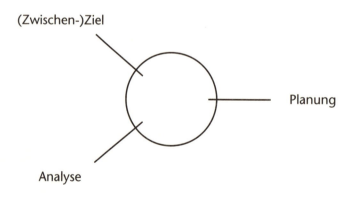

Abbildung 15: Teileinheit der Motivationsspirale

Aus der Abbildung 15 geht hervor, daß die Zielsetzung immer mit der Planung und der Analyse der Ergebnisse verbunden sein muß:

1. Was wurde bisher erreicht – Analyse?

2. Welches Ziel soll erreicht werden – Zielsetzung?

3. Wie ist es zu erreichen – Planung?

Ein Ziel darf weder unrealistisch hoch gesteckt werden noch sollte es zu leicht zu erreichen sein – sonst gilt es nicht als erstrebenswert. Damit ist gemeint, daß die Zielsetzung des Mitarbeiters und nicht die der überstellten Führungskräfte ausschlaggebend ist. In meiner Praxis habe ich es nur allzuoft erlebt, daß man Ziele »von oben« vorgab und sich dann wunderte, wenn diese nicht realisiert wurden.

Zielsetzung – gemeinsam mit dem Mitarbeiter

Ist mit der Summe der Umsatzziele der Mitarbeiter die eigene Zielsetzung nicht einzuhalten, so müssen entweder mehr Mitarbeiter eingestellt oder die eigene Zielsetzung muß korrigiert werden. Zielsetzungen sollte man immer gemeinsam mit den Mitarbeitern festlegen. Diese Aktionen bedürfen der Vereinbarung eines Gesprächstermins, bei dem eventuell der Lebensgefährte/die Lebensgefährtin des Mitarbeiters/der Mitarbeiterin anwesend ist. Der Aufbau des Gesprächs könnte wie folgt aussehen:

1. Vereinbarung eines gemeinsamen Termins und Themas (Zielsetzung im nächsten Monat).

2. Zielsetzungsgespräch:

> *Herr Mitarbeiter, wir sitzen heute zusammen, um gemeinsam eine Ziel-*
> *planung für den Monat März 1997 durchzuführen. Haben Sie selbst*
> *schon konkrete Vorstellungen?*
>
> *– Ja –*
>
> *Wie sehen diese aus?*
>
> *– Nein –*
>
> *Warum nicht?*

Bereits an dieser Stelle des Gesprächs offenbaren sich die Unterschiede zwischen den einzelnen Mitarbeitern. Während ein Mitarbeiter eine detaillierte Planung vorlegt, die klare Zielsetzungen aufweist und in sich geschlossen und realistisch wirkt, macht der andere einen eher hilflosen Eindruck. Ist die Planung so gestaltet, daß sie durchführbar erscheint, kann man dem Mitarbeiter nur noch zu seiner großartigen Vorarbeit gratulieren. Er wird sein Ziel mit Sicherheit erreichen.

Andernfalls ist abzuklären, inwieweit der Mitarbeiter in der Lage ist, sich Ziele zu setzen, zu planen bzw. vergangene Produktionsperioden zu analysieren (Statistiken anzufertigen). Im übrigen möchte ich an dieser Stelle bemerken, daß ich noch niemand im Vertrieb kennengelernt habe, der in der Lage gewesen wäre, ohne die Anfertigung von Vertriebsstatistiken erfolgreich zu werden. Sind also technische Probleme in der Vorgehensweise die Ursache eines mangelnden Zielsetzungsprozesses, so ist dem Mitarbeiter zu helfen. Andernfalls gilt es, darüber nachzudenken, ob eine fruchtbare Zusammenarbeit weiter möglich ist. Mitarbeiter in Vertrieben kosten viel Geld, haben aber häufig die Einstellung, möglichst lange ihr Festgehalt mitzunehmen und bei Schwierigkeiten schnell das Unternehmen zu wechseln. Wer Mitarbeiter nicht nur nach deren Aussehen oder nach dem, was sie verbal von sich geben, beurteilt, sondern die Aktivitäten und das Entwicklungspotential des einzelnen betrachtet, der hat echte Chancen, eine hochmotivierte Vertriebsmannschaft aufzubauen.

Folgende Vorgehensweise während eines Gesprächs hat sich bewährt:

● Welche Ziele wurden anvisiert? Welche wurden davon erreicht, welche nicht und warum?

● Wie sieht es mit den Erfolgszahlen bzw. mit den Statistikwerten aus?

● Welche Stärken und welche Schwächen schreibt sich der Mitarbeiter zu?

● Was will der Mitarbeiter erreichen – und warum?
Der Mitarbeiter muß an dieser Stelle genau erläutern können, warum er sich welches Ziel gesteckt hat. Die Aussage: »100 Abschlüsse im nächsten Monat, weil ich dann 50.000 Mark verdienen würde«, reicht nicht aus. Warum will er 50.000 Mark verdienen? Wie und wofür will er das Geld ausgeben?

Ist die Zielsetzung klar, so erfolgt die Planung mittels eines Planungsschemas, zum Beispiel der Monatsplanung (Abbildung 16).

Planung 1

Name _____ Prod.Monat _____

	Soll	Ist
Mitarbeiter		
Produktions-Mitarbeiter		
Pro-Kopf-Umsatz		
GS-Teilnehmer		
Prod.-GS-Teilnehmer		
Pro-Kopf-Umsatz		
Eigenumsatz		
im laufenden Monat		
im Halbjahr inkl. Eigenumsatz		
Einkommen		

Abbildung 16: Planungsschema

Bei der Planung werden die bereits vorhandenen Statistikwerte berücksichtigt, um sie möglichst realistisch zu gestalten. Bei neuen Mitarbeitern empfiehlt es sich, nur Wochenplanungen (kleine Teilziele), die nicht unbedingt umsatzorientiert sind (Anzahl der Verkaufsgespräche pro Woche), anzupeilen. Liegen Abschlußverhältnisse (nach etwa 30 Verkaufsgesprächen) vor, können reguläre Planungen erstellt werden.

Der Gesprächsabschluß

Am Ende des Gesprächs muß gemeinsam überlegt werden, wie sich die Situation nach der Zielerreichung darstellen wird. Wenn der Mitarbeiter handlungsmotiviert sein soll, muß er an seinen Erfolg glauben können. Je mehr Ziele er in der Vergangenheit erreicht hat, um so eher ist dies der Fall.

♦ *Nichts ist motivierender als der persönliche Erfolg!*

Ziele können zum Beispiel der Verdienst, die Karriere, der Gewinn einer Wettbewerbsreise, der Ausbau des Außendienstnetzes, die Vergrößerung des Kundenstammes, die Verbesserung von Abschlußverhältnissen im Verkauf oder die Gewinnung neuer Mitarbeiter sein.

Geld als Motivationsfaktor hat einen hohen Stellenwert – allerdings nur indirekt. Jeder Mitarbeiter weiß, daß Geld nur Mittel zum Zweck ist. Das Einkommen ist sozusagen das Abfallprodukt der erbrachten Leistung und dient vorwiegend der Befriedigung von materiellen Interessen und Bedürfnissen. Mitarbeiter in Vertrieben, die zu stark auf Geld fixiert sind, haben langfristig gesehen wenig Erfolgsaussichten. Was tun sie, wenn sie ihre Ziele erreicht haben? Soll noch mehr Geld verdient werden?

Kurzfristig sind solche Leute sicher besser als andere Mitarbeiter, auch auf Grund des meßbaren Erfolgs (bestimmter Verdienst X), zu motivieren. Wer als Vertriebsmitarbeiter seine Ziele auf die Faktoren ausrichtet, die direkt oder indirekt der Vermehrung des Einkommens dienen, wie zum Beispiel Wettbewerbsreisen oder Karriereaufstieg, erreicht sie auch eher. Dazu gehört auch, Wichtiges von Unwichtigem trennen zu können. Vielfältigkeit von Zielsetzungen hat zur Folge, daß bei der Erreichung bestimmter Oberziele der Leistungsabfall nicht so stark ist, wie dies oft bei anderen Mitarbeitern geschieht.

Zielsetzungsgespräche sind nur dann sinnvoll, wenn es anschließend zu Aktivitäten beim Motivierten kommt. Daher müssen sie mit einer Handlungsaufforderung abgeschlossen werden:

Herr Mitarbeiter, wir haben ihre Zielsetzungen besprochen und eine Analyse sowie die Planung zur Zielerreichung durchgeführt. Herr Mitarbeiter, wie stellen Sie sich den Ablauf vor, und wann fangen Sie an?

Die Antwort kann nur »sofort« lauten. Andere Reaktionen zeigen, daß er die Angelegenheit nicht so ernst nimmt und eine derartige Motivationsaktion letztlich Zeitverschwendung ist. Um die Motivation hochzuhalten, müssen während eines solchen Prozesses regelmäßig Soll und Ist verglichen werden, genauso wie zum Beispiel die Positionsbestimmung bei einer Atlantiküberquerung erfolgt. Man muß wissen, ob man sich noch »auf Kurs« befindet oder ob die Abweichung bereits so groß ist, daß eine Korrektur notwendig ist. Geschieht dies nicht, glaubt der Mitarbeiter nicht mehr an seinen Erfolg.

Ziele realistisch setzen

Motivation mittels Zielsetzung hat – vorausgesetzt die Mitarbeiter sind im Begriff, ihre Ziele zu erreichen – eine geradezu phantastische Leistungssteigerung zur Folge. Verkaufsteams können sich in einen wahren Verkaufsrausch steigern, den im nachhinein niemand für möglich gehalten hätte.

Durch solche Erlebnisse wird Mitarbeitern erst klar, was eigentlich in ihnen steckt. Das Selbstbewußtsein und das Vertrauen in die eigene Leistungsfähigkeit wird aufgebaut. Viele zehren noch Jahre danach von ihrem »Erfolgsspeck«.

Auf der anderen Seite erhebt sich natürlich auch die Frage, wie lange ein Verkäufer motiviert ist, wenn er keine Abschlüsse tätigt. Wie wir bereits wissen, hängt das Leistungsmotiv des einzelnen stark vom Anspruchsniveau ab, das er an sich stellt bzw. das an ihn gestellt wird. Mitarbeiter in Vertrieben müssen zudem eine hohe Frustrationstoleranz entwickeln, da sie zu 90 Prozent mit dem »Nein« der Kunden leben müssen.

Das entscheidende Kriterium ist das persönliche Abschlußverhältnis des Mitarbeiters. Liegt es zum Beispiel bei 6 : 1, das heißt ein Abschluß bei sechs Verkaufsgesprächen, im gesamten Vertrieb aber bei 3 : 1, führt dies zur Demotivation. Nicht wenige Vertriebsleiter, die ich persönlich kannte, haben mit gefälschten Zielvorgaben versucht, das durchschnittliche Abschlußverhältnis zu

verbessern. Solche Motivationsmethoden werden jedoch bitter bestraft –
spätestens dann, wenn die Wahrheit ans Tageslicht kommt. Meine eigenen
Erfahrungswerte haben gezeigt, daß Mitarbeiter nach einem Abschluß bereit
waren etwa drei bis fünf Nichtabschlüsse bei sich zu tolerieren. Das durchschnittliche Abschlußverhältnis im Gesamtvertrieb lag dabei bei etwa 2,5 : 1.

Was lernen wir daraus?

Nun, die schönsten Zielsetzungen sind nichts mehr wert, wenn innerhalb
eines bestimmten Zeitraums (zum Beispiel ein bis zwei Wochen) von der
Mehrzahl der Mitarbeiter keine sichtbaren Erfolge erzielt werden. In der Praxis
hat sich gezeigt, daß meist nur bestimmte Teile einer Verkaufsmannschaft
»durchhängen«, andere dagegen gute Erfolge vorzuweisen haben. Dies ist auf
die Motivationsspirale (siehe Abbildung 14) zurückzuführen. Außendienstmitarbeiter sind schnell zu begeistern, genauso wie sie leicht zu frustrieren sind.
Das dürfte auch der Grund sein, warum viele Vertriebe dem Pareto-Prinzip –
20 Prozent der Verkaufsmannschaft bringen 80 Prozent der Leistung – gehorchen.

Man muß deshalb rechtzeitig und schnell zielkorrigierend eingreifen, wenn
man die Mitarbeiter auf einem hohen Motivationsniveau halten will.
Zusammenfassend kann also festgehalten werden, daß Vertriebsmitarbeiter
hervorragend über Zielsetzungsprozesse zu motivieren sind. Das Leistungs- und
Neugiermotiv sind, neben anderen Faktoren, die Voraussetzung für erfolgreiche
Mitarbeiter. Die Zielerreichung, das heißt der Erfolg selbst, wirkt auf die meisten
Menschen so stark motivierend, daß es bei leistungsmotivierten Mitarbeitern
keiner zusätzlichen Motivation bedarf. Trotzdem gibt es individuelle Unterschiede im Leistungs- und Motivationsverhalten – was im nächsten Kapitel
besprochen wird.

3.4 Fremd- und Eigenmotivation

Viele Mitarbeiter in Vertrieben sind freie Handelsvertreter. Sie sind vom rechtlichen Status her selbständig und können sich ihre Arbeitszeit im wesentlichen frei einteilen. Was hat dies mit Eigen- bzw. Fremdmotivation zu tun? – Nun, gerade der Selbständige muß in der Lage sein, sich ohne äußere fremde Hilfe zu motivieren. Fremdmotivation heißt nämlich, daß der Antrieb, eine Leistung zu bringen, von außen kommt oder durch Dritte initiiert wird. In Vertrieben sind es fast immer die Führungskräfte, die ihre Mitarbeiter motivieren (Abbildung 17).

Abbildung 17: Führungskräfte motivieren ihre Mitarbeiter

Die Prozedur wird immer dann wiederholt, wenn das Motivationspotential des Mitarbeiters unter einen bestimmten Pegel gesunken ist. Es ist der Punkt, an dem Verkaufsaktivitäten gerade noch stattfinden (Abbildung 18).

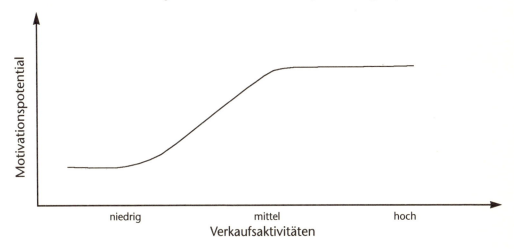

Abbildung 18: Der Zusammenhang zwischen Motivationspotential und Verkaufsaktivitäten

Dabei handelt es sich um eine Sisyphusarbeit. Viel einfacher hat man es, wenn man die Mitarbeiter zur Eigenmotivation erzieht.

Erziehung zur Eigenmotivation

Eigenmotivation heißt, daß jemand in der Lage ist, seine Motive zu erkennen, sich daraufhin Ziele zu setzen, diese zu planen, Selbstkontrollen durchzuführen und seine Handlungsaktivitäten auf hohem Niveau zu halten (siehe sekundäre Motivationsprozesse). Menschen mit hohem Eigenmotivationspotential sind Erfolgsmenschen. Sie verfügen über ein positives Selbstbildnis und haben bereits in der Kindheit gelernt, sich Erfolgserlebnisse zu vermitteln (Selbstbekräftigungssystem).

Erwachsenen Menschen beizubringen, wie sie sich selbst motivieren können, ist ein langer und mühsamer Weg. In einem Vertrieb empfiehlt es sich, seine Prioritäten innerhalb eines Verkaufsteams so zu setzen, daß vor allem Führungspersönlichkeiten und Topverkäufer stark gefördert werden. Es ist eine Möglichkeit, die eigene Arbeitskraft und die Kreativität zu vervielfältigen. Ist man selbst erfolgreich, steigt die eigene Stimmungslage, was wiederum den Mitarbeitern zugute kommt. Deshalb sollte man sich nicht die Frage stellen, wie der Außendienst zu motivieren ist, sondern wie den guten Mitarbeitern geholfen werden kann, noch besser zu werden.

Inwieweit man überhaupt in der Lage ist, Betroffene bei ihrer Selbstmotivation zu unterstützen, hängt stark von deren Persönlichkeit und der sie umgebenden Umwelt ab:

● Welche Bedürfnisse, Wünsche, Interessen und Zielsetzungen sind vorhanden?

● Wie stark ist das Leistungs- und das Neugiermotiv entwickelt?

● Ist der Mensch eher mißerfolgsängstlich oder erfolgssuchend?

● Auf welchen Erfolgserlebnissen kann ein Fundament für den Aufbau eines gesunden Selbstbewußtseins errichtet werden?

● Inwieweit steht der Mensch sich selbst (durch antrainierte Verhaltensmuster) bzw. steht ihm seine Umwelt (Ehefrau, Partner, Eltern etc.) im Weg?

● Werden Korrekturen im Verhalten des anderen und damit in dessen Persönlichkeitsstruktur nachhaltig zu einer für den Betroffenen positiven Lebensgestaltung führen?

Mitarbeiter müssen lernen, die positiven Aspekte in Lebenssituationen zu erkennen: »Für den Pessimisten ist das Leben ein Problem – für den Optimisten ist es die Lösung.« Auch kleine Erfolge dürfen nicht als unwichtig abgetan, sondern müssen positiv ins Gesamtkonzept integriert werden. Ansporn zur Leistung ist nur vorhanden, wenn man auf Erfolge in der Vergangenheit zurückblicken kann. Da das Leistungsmotiv mit dem Neugiermotiv gekoppelt ist, sind Mißerfolgsmenschen nicht nur »Schwarzseher«, sondern auch wenig kreativ.

Beginnt der Mitarbeiter, sein Leben zu hinterfragen, stellt er sich quasi neben sich, bekundet er bereits Interesse an der Änderung seiner Lebenssituation. Über einen Zeitraum von ein bis zwei Jahren kann man gut verfolgen, inwieweit sich Verhaltensänderungen ergeben haben. Geht es um komplexe Verhaltensauffälligkeiten, so ist eher der Psychotherapeut als ein Vertriebsleiter gefragt. Betreibt man als Führungskraft »Hilfe zur Selbsthilfe«, ist man in der Regel auf dem richtigen Weg.

Es würde den Rahmen dieses Buches bei weitem sprengen, wollte man detailliert auf alle Möglichkeiten, die das Eigenmotivationsverhalten betreffen, eingehen. Vergleicht man die Wirkungsdauer von Fremd- und Eigenmotivation, ergibt sich, daß Fremdmotivation immer nur kurzfristig, Eigenmotivation hingegen langfristig, unter Umständen lebenslang wirksam ist, wenn sie zu einem Persönlichkeitsmerkmal wird.

Fremdmotivation

Fremdmotivation bedient sich im Prinzip derselben Elemente wie die Eigenmotivation, nur mit dem Unterschied, daß sie von außen Einfluß nimmt:

● **Verstärkung des Selbstwertgefühls** bzw. Selbstbewußtseins durch persönliches Lob, Anerkennung (materiell und immateriell) und Zuneigung.

● **Vermittlung von Erfolgserlebnissen** in der Form von Abschlüssen bei Verkaufsgesprächen (Betreuung in der Verkaufspraxis), gelungenen Terminierungen (Hilfestellung bei der Festlegung von Terminen, zum Beispiel beim Telefonieren), Aufbau eines Neukundenpotentials (Aufbau von Empfehlungsgebern und Datenbanken), Gewinnung neuer Mitarbeiter, gemeinsame Betreuung unterstellter Mitarbeiter (Mitarbeiter lernt, wie geführt wird) usw.

- **Anerkennung von außen** durch die Überreichung von Urkunden, Belobigungen für gute Leistungen vor einer Gruppe, Teilnahme an Fortbildungen, Gewinn einer Incentive-Reise etc.

- **Regelmäßiger Kontakt zum Mitarbeiter** führt nicht nur zum Aufbau einer persönlichen Beziehung, sondern auch zum »Learning by Contact«, also dem Lernen durch viele Gespräche und Kommunikationssituationen.

- **Gemeinsame Ziel-Planung-Analyse-Aktionen.**

- **Beeinflussung der** Umwelt durch den regelmäßigen Kontakt zum Mitarbeiter, indem beim Partner, bei den Kindern, Freunden, Eltern und Bekannten negativen Reaktionen, die durch die Veränderung der Persönlichkeit des Mitarbeiters auftreten können, frühzeitig begegnet wird. Mitarbeiter können auf diese Weise nach und nach ihrem »negativen« Umfeld entzogen werden und haben dadurch die Chance, sich schneller zu entwickeln.

Diese Maßnahmen führen dazu, daß Mitarbeiter zu treuen Gefolgsleuten werden. Leider wird jedoch in fast allen Fällen eine psychische Abhängigkeit erzeugt, die so stark werden kann, daß der Mitarbeiter mehr und mehr zur – allerdings schlechten – Kopie der Führungskraft gerät. Das Klassenziel – die Persönlichkeitsentwicklung und die Motivationsfähigkeit des anderen zu fördern – wird unter Umständen ins Gegenteil verkehrt.

Die Angst vor Entscheidungen

Ein ganz wesentlicher Faktor bei der Entwicklung von der Fremd- zur Eigenmotivation ist die Fähigkeit, Entscheidungen zu treffen. Die Angst vor Fehlentscheidungen veranlaßt viele »außengesteuerte« Menschen dazu, überhaupt keine Entscheidungen zu treffen bzw. sie für sich treffen zu lassen. Sie entziehen sich damit natürlich auch der Verantwortung für ihre Handlungen. Die Angst vor den Konsequenzen kann so groß sein, daß wahre Lügengebilde errichtet werden. Der Mitarbeiter beginnt, ein Doppelleben zu führen. Vor allem wenig erfolgreiche Mitarbeiter bauen auf Lügen auf, um ihr Selbstbild nach außen wahren zu können.

Jede wichtige Entscheidung, die ein Mensch trifft, hat eine Stärkung des Selbstwertgefühls zur Folge. Dies gilt insbesondere für schwierige und unangenehme Entscheidungen. Am besten arbeitet man sich von einfachen und leichten zu schwierigen und unangenehmen Entscheidungsprozessen vor.

Durch die richtig dosierte Übernahme an Verantwortung wird das Selbstwertgefühl verbessert.

♦ *Mitarbeiter werden gefördert, indem man sie fordert.*

Menschen wachsen an den Erfolgen, die sie sich selbst vermitteln.

Abschließend kann das Resümee gezogen werden, daß die Entwicklung der Eigenmotivation eines Mitarbeiters ein entscheidendes Anliegen der Führungskräfte sein muß. Das Leistungsmotiv und das Neugiermotiv sowie Entscheidungsstärke und damit die Bereitschaft, Verantwortung zu übernehmen, sind genauso wichtig wie Zielsetzungs-, Planungs- und Analyseprozesse. Mitarbeiter, die »innengesteuert« sind, lassen sich zudem nicht mehr so leicht von ihrer Umwelt aus der Bahn werfen. Die Entscheidung, ob und inwieweit Mitarbeiter in diese Richtung gefördert werden sollen, hängt von der Beurteilung ihrer Entwicklungspotentiale ab. Es gilt, »Kosten« gegen »Nutzen« abzuwägen, was die eigene Zielsetzung anbelangt.

3.5 Motivationsmaßnahmen in der Praxis

Vertriebe setzen sich aus zwei Bereichen zusammen – dem Innendienst und dem Außendienst. Allein die verbale Trennung von »Innen« und »Außen« birgt einen Konflikt zwischen diesen beiden Bereichen in sich. In diesem Kapitel sollen mögliche Maßnahmen zur Motivation des Innendienstes und des Außendienstes beschrieben werden.

3.5.1 Innendienst

Warum arbeitet jemand im Innendienst (Motive)? Wie kann man Innendienst-Mitarbeiter – meist Sekretärinnen, Assistenten, Schulungsleiter oder Verwaltungsangestellte – motivieren?

Der Grund, warum überhaupt jemand in einem Festanstellungsverhältnis arbeitet, ist das Bedürfnis nach Sicherheit und Geborgenheit! Nichts kann also Innendienstmitarbeiter stärker erschüttern, als die Angst um ihren Arbeitsplatz. Sie würden dafür sogar längere Arbeitszeiten oder Gehaltskürzungen in Kauf nehmen. Jede Maßnahme, die den Mitarbeiter darin bestärkt, den Arbeitsplatz (das Unternehmen) sicherer gemacht zu haben, hat eine positive Motivation zur Folge. Drohungen mit Arbeitsplatzabbau und Umstrukturierungsmaßnahmen hemmen solche Mitarbeiter in ihren Handlungsaktivitäten enorm, auch wenn derartiger Streß anfänglich eine Leistungssteigerung bewirkt.

Häufig sind Angestellte nur dann über mehr Geld (Anhebung des Gehalts) zu motivieren, wenn sie am Anfang des Berufslebens stehen und ihre physiologischen Grundbedürfnisse und die nach Sicherheit (siehe Maslow) befriedigen wollen. Ansonsten erzielt man durch Statusverbesserungen eine wesentlich höhere Motivation. Das wären zum Beispiel ein eigener Schreibtisch, ein eigener Büroraum mit Namensschild, ein eigener Parkplatz oder auch die Ernennung der Sekretärin zur Assistentin. Wichtig ist, daß klare Abgrenzungen gegenüber anderen Mitarbeitern sowohl hinsichtlich des Status als auch des Gehalts zu erkennen sind.

Mitarbeiter in Innendiensten bewundern und beneiden den Außendienst. Sie bewundern ihn hinsichtlich der Schwierigkeiten und der Risiken, die mit einer derartigen Tätigkeit verbunden sind, und sie beneiden ihn, weil sie selbst gerne den Mut hätten, eine solche Tätigkeit auszuüben. Wer in seinem Vertrieb klarzumachen versteht, daß der Innendienst nur existieren kann, wenn der Außendienst funktioniert, und daß eine Zusammenarbeit nur dann fruchtbar ist, wenn sie symbiotisch erfolgt, der hält das Konkurrenzdenken – und die damit verbundenen Minderwertigkeitsgefühle – in Grenzen. Innendienstmitarbeiter freuen sich über den Erfolg »ihres« Unternehmens und sollten auch bei größeren Firmeneinheiten guten Kontakt zum Außendienst haben.

3.5.2 Außendienst

Nicht jeder ist für eine Tätigkeit als Verkäufer geeignet. Die wenigsten wählen diesen Beruf, weil er sozial wenig anerkannt und mit größeren Risiken als vergleichbare Berufe behaftet ist. Trotzdem gilt: Mit keiner Tätigkeit kann man mehr Geld und Freiheit verdienen! Viele Unternehmen, die Produkte absetzen müssen – nämlich fast alle –, würden ohne ihren Außendienst nicht mehr existieren. Was nützt einem die beste Ware, wenn sie nicht verkauft wird?

Bei den herkömmlichen Motivationsstrategien bediente man sich zweier Mittel – der Belohnung und der Bestrafung. Durch die antiquierten Erziehungsmethoden in der Kindheit, deren Ursprünge zum Teil bis ins 15. und 16. Jahrhundert zurückreichen, lernen bereits Kinder, was unter Druck zu verstehen ist. Dabei muß nicht einmal die körperliche Strafe im Vordergrund stehen. Psychischer Druck hat häufig eine schlimmere Wirkung. In der Erwachsenenwelt spricht man von Berufsstreß, von »Mobbing«, von »Management by Pressure« oder von »Management by Terror«.

Wenn der Esel nicht mehr geschlagen wird, was macht er dann? – Er bleibt stehen! Menschen, die unter Druck arbeiten müssen – und das sind nicht wenige in unserer Gesellschaft –, werden oft krank oder leiden an psychosomatischen Beschwerden, was sich wiederum in Fehlzeiten bemerkbar macht. Viele Vertriebe werden genau dann mit »Druck« »geführt«, wenn die wirtschaftliche Situation schlecht ist. Sich eines psychischen Druckmittels zu bedienen, mag manchmal unter ganz bestimmten Voraussetzungen nicht zu vermeiden sein – es ist aber keine Empfehlung zur Motivation von Mitarbeitern.

♦ *Motivation ist Zug, nicht Druck!*

Nur Maßnahmen, die dieser Regel gehorchen, führen zu langfristigen Umsatzerfolgen und der Expansion von Vertrieben. Viele Eigenschaften eines Menschen werden schon in der Kindheit entwickelt und bleiben oft ein Leben lang erhalten (zum Beispiel das Leistungsmotiv). Die Managementregel muß also lauten: »Management = Motivation by Success!« Dieser Ansatzpunkt ist für beide Seiten, den Führenden und den Geführten, wesentlich positiver und nützlicher (produktiver).

Wer allerdings nach dem Gießkannenprinzip (»Gleiche Motivation für alle«) arbeitet, liegt genauso falsch. Motivation kann und muß als eine Handlungs-aktivierung des Individuums verstanden werden. Nicht nur in Vertrieben ist es die Zielsetzung des Motivierers, das Eigenmotivationspotential des Motivierten zu vergrößern, sein Selbstbewußtsein zu stärken, seine Entscheidungsfreudigkeit zu verbessern und last but not least ein Positivdenker zu werden.

Nichts ist in Vertrieben zerstörender als Ungewißheit, Desinformation und Gerüchte um Personen und Fakten. Die Grundlage für eine hohe Motivations-bereitschaft ist die Garantie des Arbeitsplatzes. Wehret den Anfängen von Geschwätz und übler Nachrede! Aufstiege innerhalb von Hierarchien sind sinnvoll, sie müssen aber nach klaren Spielregeln erfolgen, die den Grundsatz der Fairneß (Leistungsprinzip) beinhalten. Häufig werden Führungskräfte in Positionen befördert, in denen sie überfordert sind und sich selbst und andere nach und nach demotivieren. Das »Peter-Prinzip« sagt beispielsweise aus, daß in einer Hierarchie jemand solange aufsteigt, bis er eine Position erreicht, die er gerade nicht mehr erfüllen kann.

Jeder Mitarbeiter muß demzufolge nach seinen Fähigkeiten eingesetzt werden. Das Oberziel in der Unternehmensführung muß es sein, durch die Summe der Einzelziele der Mitarbeiter das Unternehmensziel zu erlangen. Wer andere motivieren will, muß selbst motiviert sein: »In dir muß brennen, was du in anderen entzünden willst!« (Augustinus). Jede Maßnahme zur Motivation ist also nur so gut, wie derjenige, der sie initiiert. Im folgenden sollen diese Maßnahmen bzw. Bestandteile eines Motivationskonzeptes vorgestellt werden.

Bedeutung des Partners

Dem Partner/der Partnerin des Mitarbeiters/der Mitarbeiterin kommt eine enorm wichtige Bedeutung zu. Mitarbeiter bedürfen der Unterstützung ihrer Lebensgefährten. Außendienstmitarbeiter durchlaufen mehr Hochs und Tiefs als Mitarbeiter in anderen Unternehmensbereichen. Ist der Mitarbeiter gezwungen, auch noch privat um seinen Erfolg zu kämpfen, so gibt er irgendwann auf. Partnerschaftliche Probleme führen zu einem etwa fünfzigprozentigen Energie- oder Motivationsverlust!

Durch die große Anzahl an Kontakten, die ein guter Mitarbeiter/eine gute Mitarbeiterin im Vertriebsbereich besitzt, steigt auch das Risiko des Seitensprungs. Es ist die Aufgabe des Vertriebsleiters, solchen Aktivitäten vorzubeugen bzw. Einhalt zu gebieten, um den geschäftlichen Aufstieg des Mitarbeiters nicht zu gefährden. Es ist weiterhin sinnvoll – soweit der private Bereich in Ordnung ist –, den Partner informativ ins Firmengeschehen einzubinden und an Motivationsveranstaltungen teilhaben zu lassen. Auch oder gerade bei Wettbewerbsreisen sollte der Partner mit dabei sein. Der Erlebniswert solcher Reisen verstärkt die Leistungsmotivation und führt zur Harmonisierung von Partnerschaften (Urlaubs- und Erlebnissituationen), die im geschäftlichen Alltag häufig belastet werden.

Kommunikation

Unter Kommunikation ist jegliche Art von sozialem Kontakt – egal ob persönlich oder telefonisch – zu verstehen. In vielen Vertrieben wird das »Management by Non-information« praktiziert. Man versucht, die Mitarbeiter nur mit den nötigsten Informationen zu versorgen, um eigene Machtpositionen nicht zu gefährden. Dabei wird aber vergessen, daß Mitarbeiter, die schlecht oder wenig informiert sind, versuchen, diese Mängel anderweitig auszugleichen. Damit ist der Gerüchteküche Tür und Tor geöffnet. »Motivation by Communication« heißt, seinen Mitarbeitern das Gefühl von Sicherheit und Vertrauen zu vermitteln. Das gelingt allerdings nur, wenn Ängsten und Frustrationen vorgebeugt wird bzw. wenn diese schnell abgebaut werden. Persönliche Motivationsgespräche – also Zweiergespräche (eventuell mit Partner) – sollten gut vorbereitet sein und nie ex und hopp geführt werden. Inhalte solcher Gespräche sind zum Beispiel der Regelkreislauf sekundärer Motivationsprozesse (Abbildung 19).

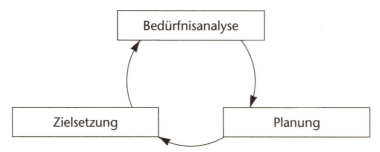

Abbildung 19: Regelkreislauf eines sekundären Motivationsprozesses

Der Bedarf, die Motive des Mitarbeiters müssen ermittelt, und das Ziel muß mittels eines Zielsetzungsprozesses festgelegt werden.

Andere Formen sind das Anerkennungsgespräch, in dem es darum geht, dem Mitarbeiter ein Lob auszusprechen oder eine persönliche materielle oder immaterielle Anerkennung zukommen zu lassen. Das wären zum Beispiel Urkunden, Karriereverträge, Statussymbole, Incentive-Preise und anderes.

Wenn wir uns daran erinnern, daß Leistungsmotivation vor allem dadurch gefördert wird, daß man positives Verhalten verstärkt und sich mit Kritik und Tadel zurückhält, wird man feststellen, daß das »Betriebsklima« wesentlich besser wird. Erwachsene Menschen sind nämlich durchaus in der Lage, Kritik zu üben – sie sollten das allerdings in erster Linie bei sich selbst tun.

Einen Begriff, nämlich den der »Negativmotivation«, haben wir so gut wie noch nicht angesprochen. Das geschah aus gutem Grund. Bei der Negativmotivation handelt es sich um ein manipulatorisches Verhalten, welches beim anderen durch den Vortrag negativer Sachverhalte einen positiven Motivationsschub auslösen soll:

> *Herr Mitarbeiter, so wie Sie in der letzten Zeit arbeiten, kann ich mir nicht vorstellen, daß sie das angepeilte Ziel erreichen.*

Im anderen soll das Gefühl »Das schaffe ich«, »Dem zeige ich es« oder »Die werden sich noch wundern« entstehen. Der Kampfgeist, der zu einem »aktiven« Verhalten führen soll, wird geweckt. Wenn jemand jahrelang mit Motivation umzugehen gelernt hat und um die Gefährlichkeit des Einsatzes von Negativmotivation weiß, kann er damit bei bestimmten Menschen und unter gewissen Voraussetzungen enorme Energien freisetzen. Da ich diese Form der Motivation aber verurteile, verzichte ich auf weitere Erläuterungen. Wer sich der bisher besprochenen Möglichkeiten bedient, kommt entweder zu gleich guten, wenn nicht zu besseren Ergebnissen.

Zusammenfassend soll hier noch einmal kurz das Schema zur Führung eines Motivationsgespräches veranschaulicht werden:

1. Wer soll motiviert werden?

2. Warum soll motiviert werden?

3. Wie soll motiviert werden?

Gruppendynamische Motivationsprozesse

Bisher sind wir bei der Behandlung des Themas Motivation von einzelnen Personen ausgegangen. Wir sprachen über Motivstrukturen, Zielplanungsvorgänge und den damit verbundenen Handlungsaktivitäten. Fremd- und Eigenmotivation waren dabei die bedeutenden Elemente. Eine besondere Form der Fremdmotivation findet innerhalb gruppendynamischer Prozesse statt.
    Eine Gruppe zeichnet sich durch folgende Merkmale aus:

● Wir-Gefühl

● Rollenverteilung

● häufiger und persönlicher Kontakt

● gemeinsame Aufgabe

● Normen

Gruppen weisen häufig, insbesondere durch die gemeinsame Zielsetzung, gemeinsame Motive auf, die von den einzelnen Gruppenmitgliedern repräsentiert werden. Interessant ist in diesem Zusammenhang die Beobachtung, daß Gruppen ab einer bestimmten Größenordnung ein Eigenleben zu entwickeln scheinen, welches dem eines Individuums entspricht. Dabei spielt vor allem die emotionale Komponente bei der Entwicklung der Eigendynamik eine große Rolle. In Vertrieben macht man sich diese Erkenntnis oft zunutze.
    Individuen innerhalb von Gruppen befriedigen in erster Linie ihre primären Bedürfnisse. Dadurch wird dann das Tor zur Sekundärmotivation geöffnet (Abbildung 20).

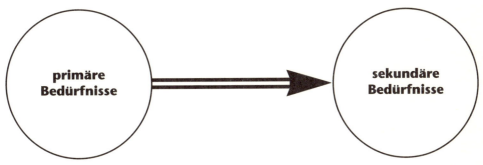

Abbildung 20: Sekundärmotivation

Gemeinsames lautes Lachen, Schreien, Klatschen, auf den Stühlen stehen, Tanzen, Musizieren, Essen und Trinken innerhalb einer »Großfamilie«, Geborgenheit ... also unterdrückte oder nicht befriedigte Bedürfnisse des einzelnen, die auf Grund sozialer Regeln in der »normalen« Welt nicht auszuleben sind, werden plötzlich realisierbar. Gestaltet zum Beispiel ein Referent seinen Vortrag mit Hilfe einer äußerst attraktiven Assistentin, so sind die vereinzelten anerkennenden Pfiffe oder Laute aus dem (männlichen) Publikum eine Reaktion, die sich der einzelne auf der Straße verkneifen würde. Deshalb haben solche Veranstaltungen eine starke suggestive Wirkung auf die Teilnehmer.

♦   *Emotionen werden durch Gruppenerlebnisse sowohl in*
     negativer als auch in positiver Weise enorm verstärkt!

Im folgenden sollen nun verschiedene Motivationsmöglichkeiten vorgestellt und erläutert werden:

Geschäftliche Meetings

Egal, ob es sich um ein Geschäftsstellentreffen, einen Kongreß, eine neue Produktvorstellung oder andere derartige Veranstaltungen handelt, der Anlaß ist immer geschäftlich. Die beste Wirkung wird im Rahmen von 40 bis 80 Teilnehmern (inklusive Partnern) erzielt. Sinn und Zweck ist es, die Mitarbeiter auf gemeinsame Ziele zu motivieren und Einzelleistungen zu honorieren. Für die Leistungsträger ist dies die Anerkennung von außen, für die Mitglieder der Gruppe der lebende Beweis, daß Spitzenleistungen möglich sind.

Alle geschäftlichen Belobigungen – egal ob materieller (goldene Uhren, Schreibsets, Aktenkoffer etc.) oder immaterieller Natur (Urkunden, Karriereverträge, Lob an das beste Verkaufsteam, an den Mitarbeiter des Monats, den Partner) – eignen sich hierzu bestens. Der oder die Mitarbeiter erhalten das Gefühl (Verbesserung der Selbstbekräftigung), daß auch sie auf dem »Treppchen« stehen können. Neue Ziele können gesetzt werden, Ideen, Phantasien und die Kreativität der Mitarbeiter werden angeregt (Neugiermotiv). Jedes Meeting muß am Ende eine Aufforderung zur Handlung enthalten, damit der Mitarbeiter aktiv wird:

Meine Damen und Herren, am Abend vor dem Fernsehapparat zu sitzen, heißt, wieder einmal verloren zu haben – ich möchte, daß Sie gewinnen! – In diesem Sinn kommen Sie gesund nach Hause.

Die Vorbereitung dieser Treffen bedarf einer professionellen Arbeitsweise. Von der Eröffnung bis zum Abschluß einer »Live«-Veranstaltung kann allerhand passieren, und man sollte auf alles gefaßt sein.

Feiern

»Wer feste arbeitet, soll auch Feste feiern«. – Feiern sind Belohnungen für aktive und erfolgreiche Mitarbeiter. Sie sollten so gestaltet werden, daß der Unterhaltungsteil überwiegt (90 : 10). Häufig passiert es, daß stundenlange Ansprachen von »Selbstdarstellern« den eigentlichen Zweck der Versammlung ins Gegenteil verkehren. Jahresabschlußfeiern, Grillfeste, Weihnachtsfeiern und der alljährliche Kongreß sind Möglichkeiten derartiger Festivitäten.

Feiern sollten ungefähr wie folgt strukturiert sein:

● Anzahl der Teilnehmer mindestens 100

● Beginn: 19.30 Uhr

● Begrüßung (fünf Minuten)

● Eröffnung:
  – Ansprachen
  – Belobigungen (nur die allerbesten Mitarbeiter)
  – maximal 30 Minuten – insgesamt

● Buffet

● Showteil mit Tanz (jede Stunde eine Einlage á 15 Minuten – maximal drei pro Abend)

● open end der Musikband (drei bis vier Uhr morgens)

● Fortsetzung an der Bar (Hotelbars müssen durchgehend offen bleiben)

● anschließend sieben bis elf Uhr Brunch

Musik, Tanz, Alkohol und Showeinlagen sprechen die Emotionen der Teilnehmer sehr stark an. Negativeindrücke sind unbedingt zu vermeiden (zum Beispiel Teilnehmer müssen Getränke, Zigaretten, Übernachtung etc. selbst bezahlen). An Negatives erinnert man sich nämlich leichter als an Positives. Auf Feiern erlebt der Mitarbeiter seine Vorbilder als »Menschen«, die nicht nur als Manager agieren. Es besteht die Möglichkeit, zwischenmenschliche Kontakte auch zu denjenigen zu knüpfen, die einem bisher scheinbar fremd waren. Alles in allem sind Festivitäten gut geeignet, um neue Handlungsenergien zu sammeln und zu aktivieren. Die zwischenmenschlichen »Hygieneprozesse« werden positiv beeinflußt.

Ausbildung – Seminare

Wissen fördert die Neugiermotivation und ist somit indirekt positiv für die Entwicklung des Leistungsmotivs. Ausbildung in Form von Seminaren (maximal 25 Teilnehmer pro Seminar) ist ein »Muß« eines jeden Vertriebs. Die Mitarbeiter erwerben nicht nur fachliches Wissen, sondern können durch den Austausch von Erfahrungen mit Teilnehmern und Referenten neue Impulse für den Fortgang ihrer Seminare gewinnen.

Die Teilnehmer eines Seminars sollten ungefähr das gleiche Entwicklungsniveau besitzen. Der Unterschied darf nicht zu groß sein (Gefahr der Frustration). Das Ausbildungskonzept muß klar strukturiert sein, damit der Mitarbeiter seine Ausbildungsziele in sein gesamtes Zielkonzept zur Eigenmotivation integrieren kann. Die Praxis hat gezeigt, daß gute Seminare Teilnehmer stark motivieren, wodurch diese wiederum bessere Leistungserfolge in der Zukunft vorweisen können.

Incentives

Incentives (lateinisch incedere = in Brand setzen, entzünden) sind Wettbewerbsmaßnahmen, die Mitarbeiter zu höheren Umsatzleistungen anspornen sollen. Man unterscheidet zwischen Sachpreis- und Reisewettbewerben. Dem Mitarbeiter wird die Möglichkeit eröffnet, sich über neue oder zusätzliche Zielsetzungen zu Handlungen zu motivieren. Da Mitarbeiter in Vertrieben als Haupttätigkeitsmotiv »Das große Geld verdienen« haben, sind Incentives Zwischenziele, um auf der Karriereleiter weiter nach oben zu klettern oder das

Einkommen zu erhöhen. Der Vorteil besteht darin, daß auch Mitarbeiter erreicht werden, die augenblicklich keine konkreten Zielsetzungen (kurzfristig) verfolgen. Wettbewerbe sollten auf überschaubare Zeiträume beschränkt bleiben und dürfen nicht zu oft eingesetzt werden, da sie ansonsten an Wirksamkeit einbüßen.

● Reisen

Wettbewerbsreisen sind die wirkungsvollsten äußeren Motivationsmittel! Vorausgesetzt wird dabei eine profimäßige Planung und Durchführung. Durch Wettbewerbsreisen sollen die Topleute im Vertrieb zu Spitzenleistungen motiviert werden. Die Liste der Motive, die durch gemeinsame Reisen befriedigt werden, ist lang. Ob man nun das Neugiermotiv, die physiologischen Grundbedürfnisse, Primärmotive oder die Inspiration zu weiteren Sekundärmotivationszielen aufzählt – das ganze Spektrum ist vorhanden.

Reisen wirken sehr tiefgehend und langanhaltend, was die Leistungsmotivation angeht. Werden mehrere Reisen hintereinander von denselben Mitarbeitern gewonnen, so ist bei weiteren Wettbewerben die Zielsetzung solcher Mitarbeiter von vornherein klar – mitfahren zu wollen. Anhand von Wettbewerbsreisen kann sehr eindrucksvoll nachvollzogen werden, wie Mitarbeiter »auf den Geschmack« kommen. Diejenigen nämlich, denen diese Erfahrung verwehrt bleibt, stehen dem Geschehen – sei es nun aus Gründen der Frustration oder fehlender Erlebnisse – eher neutral gegenüber. Die Initialzündung erfolgt beim ersten Gewinn.

Reisen sollten wohldosiert werden. Es ist wenig sinnvoll, schon einfache Verkäufer mit Traumzielen (Hawaii, Malediven, Tahiti etc.) zu motivieren. Man verschießt gutes Pulver, das man sich für die Topleute aufheben sollte. Wenn nämlich innerhalb der Vertriebshierarchie durchdringt, daß sich die Qualität der Reise am Umfang der Leistung und der Karrierestufe orientiert, so wird damit ein »zweiter« Wettbewerb in Gang gesetzt. Ich habe einige Mitarbeiter erlebt, die sich nur über Reiseziele zu ihrem Karriereziel vorgearbeitet haben.

Unbezweifelt ist also die Wirksamkeit! Es fragt sich nur noch: wie und wann? Incentive-Reisen sollten maximal zweimal im Jahr stattfinden. Die Planung, Präsentation, Finanzierung und vor allem die Durchführung muß professionell erfolgen. Es gibt auf dem Markt eine ganze Reihe von guten und schlechten Veranstaltern von Incentive-Reisen. In der Praxis hat sich häufig das Budget als Hürde für derartige Planungsvorhaben erwiesen. Setzt man etwa 25 bis 35

Prozent an Kosten (Honorar etc.) vom Wert einer Gesamtreise für die Planung und Vorbereitung (inklusive Prospekte, Wettbewerbsbekanntgabe usw.) an, so muß ein mittleres Reiseziel (Europa – heutiger Stand) bei 25 Teilnehmern mit mindestens rund 3500 Mark pro Person veranschlagt werden (Reisedauer sieben Tage). Folgender Ablaufplan ist bei der Durchführung von Incentive-Reisen nützlich:

– Entscheidung zur Durchführung eines Reisewettbewerbs

– Festlegung des Wettbewerbszeitraums (maximal vier bis acht Wochen)

– Budget

– Reiseziel

– Teilnehmerzahl

– Präsentation:

  1. Wettbewerbsbekanntgabe und Präsentation
  2. Temporäre Verstärker (Rennlisten, Zwischensieger etc.)
  3. Siegerbekanntgabe (Urkunden)

Dieses »Rohkonzept« bedarf in der Praxis einer erheblichen Verfeinerung, wenn es um die Ausrichtung eines konkreten Reisewettbewerbs geht.

● **Sachpreise**

Sachpreis-Wettbewerbe dienen normalerweise der Motivation von »guten« Mitarbeitern in Vertrieben. Sie sind so aufgebaut, daß wesentlich mehr Gewinner als bei Reisewettbewerben möglich sind. Häufig werden sie in Kombination mit Reisen veranstaltet, so daß ein größerer Teil eines Außendienstes angesprochen wird. Das Budget, welches benötigt wird, um einen Sachpreis-Wettbewerb auszurichten, ist um ein Vielfaches geringer als bei Reisewettbewerben. Wenn die Palette der Sachpreise auf die Bedürfnisse der Mitarbeiter richtig abgestimmt ist, so ist auch hier der Motivationserfolg gewiß.

Sachpreis-Wettbewerbe können über längere oder kürzere Zeiträume laufen. Manchmal gibt es Situationen, in denen nochmals eine Höchstleistung im Vertrieb gefordert wird (über drei oder vier Tage) – dafür sind sie bestens geeignet. Die Planung, Budgetierung und Durchführung sollte sorgfältig erfolgen, bedarf aber in der Regel keiner professionellen Unterstützung von außen. Man sollte tunlichst vermeiden, irgendwelche Warenhauskataloge zusammenzustellen, da mitunter das Ziel des Mitarbeiters schnell aus den Augen verlorengeht. Abbildung 21 zeigt ein Beispiel für die Ausschreibung eines Sachpreis-Wettbewerbes.

Auf zum Endspurt 1997

Wir wollen allen wieder zeigen, daß wir die Besten in Deutschland sind!
Seit 1. 9. 1997 sind Sie an unserem großen Sachpreis-Wettbewerb beteiligt.

   1. Preis: Flugreise nach Paris oder Rom für zwei Personen (vier Tage)
   2. Preis: ein Abendkleid oder ein Anzug im Wert von DM 450,–
   3. Preis: ein Taschendiktiergerät
   4. Preis: ein Lederkoffer mit Collegemappe
   5. Preis: eine Collegemappe mit exklusivem Schreibset
   6. Preis: ein tolles Schreibset
      Gesamtwert: DM 2.500,–

Und so gehören Sie zu den Siegern:
– Wettbewerbszeitraum: 1. 9. 1997 bis 31. 12. 1997
– bis 50 Einheiten erhalten Sie ein Los
– nach je weiteren 25 Einheiten gehören Sie zu den Besitzern eines weiteren
  Loses (zum Beispiel 155 Einheiten = fünf Lose)

Die Preise werden auf der Silvesterfeier am 31. 12. 1997 verlost.
Ihre Gewinnchancen sind enorm groß, denn Sie können auch mehrere Preise gewinnen.
Dieser Wettbewerb läuft nur in der Geschäftsstelle Musterland.

Ich wünsche Ihnen das Glück des Tüchtigen

Ihr Vertriebsleiter

Abbildung 21: Ausschreibung eines Sachpreis-Wettbewerbes

Wer als Vertriebsleiter seine Außendienstmitarbeiter motivieren will, dem stehen eine ganze Reihe von guten Möglichkeiten zur Verfügung. Sinnvoll kombiniert, entfalten sie ihre größte Wirkung. Führungskräfte sind »Verkäufer« und damit »Motivierer«, die die Aufgabe haben, den eigenen Erfolg als Summe der Mitarbeitererfolge zu gestalten. Nur, wem es gelingt, seine Mitarbeiter erfolgreich zu machen, der hat auch selbst Erfolg. Erfolge sind erreichte Ziele, die mit Lustgewinn verbunden sind.

◆   *Motivation ist die Triebkraft zum Erfolg.*

Ein paar Worte zum Schluß ...

In diesem Buch ging es darum, Motivation als eine Ursache-Wirkungs-Kette im Bereich des Verkaufs darzustellen. Jeder Mensch hat Motive, also Beweggründe, warum er wann und wie etwas tut oder unterläßt. Dies gilt sowohl für den Käufer, der zu einer Kaufentscheidung gelangt, als auch für den Verkäufer, der bestimmte Zielsetzungen verfolgt, um wiederum seine eigenen Bedürfnisse befriedigen zu können. Während Kaufmotive vielfältiger Natur sind, spielen beim Verkäufer das Leistungs- und das Neugiermotiv eine entscheidende Rolle. Psychologische Theorie und die tatsächliche Praxis in Einklang zu bringen, ist eine nicht ganz leichte Aufgabe, die es in diesem Buch zu lösen galt. Der Ansatz

♦ *Motivation = Kommunikation = Verkauf*

sollte Sie diesem Bereich in verständlicher Form näherbringen. Ob das gelungen ist, müssen Sie als »Kunde« selbst entscheiden.

In unserer Welt, die vom Dienstleistungsgedanken mehr und mehr geprägt wird, ist es nahezu unmöglich, längerfristig ohne das Wissen um Motivationsprozesse auszukommen. Natürlich bleiben noch viele Fragen offen, was den gesamten Komplex betrifft. Auf der anderen Seite ist schon sehr viel Licht ins Dunkel gekommen und man ist dabei, die »Blackbox« auszuleuchten.

Literaturverzeichnis

Eric Berne: *Spiele der Erwachsenen.* Hamburg 1970

Eric Berne: *Struktur und Dynamik von Organisationen und Gruppen.* Frankfurt 1986

W. R. Bion: *Erfahrungen in Gruppen.* Frankfurt 1990

Dale Carnegie: *Sorge Dich nicht – lebe!* München 1975

Dale Carnegie: *Wie man Freunde gewinnt.* München 1981

Ernest Dichter: *Gezielte Motivforschung.* München 1991

Norbert A. Harlander: *So motiviere ich meine Mitarbeiter.* Köln 1982

Heinz Heckhausen: *Motivation und Handeln.* Heidelberg 1989

Manfred Jahrmarkt: *Das Tao-Management.* Freiburg im Breisgau 1989

Manfred Kluge: *Konfuzius.* München 1986

Manfred J. Kunz: *Wie Profis motivieren.* Landsberg am Lech 1989

Gustave Le Bon: *Psychologie der Massen.* Stuttgart 1982

K. Lewin: *Behavior and development as a function of the total situation.* New York 1954

K. Lewin: *Feldtheorie in den Sozialwissenschaften.* Bern/Stuttgart 1963

H. A. Maslow: *Motivation and personality.* New York 1954

Alice Miller: *Am Anfang war die Erziehung.* Frankfurt 1983

Alfred Mohler: *Die 100 Gesetze produktiven Denkens und Handelns.* München 1988

Thomas J. Peters, Robert H. Waterman: *Auf der Suche nach Spitzenleistungen.* München 1990

Klaus Rischer: *Schwierige Mitarbeitergespräche.* Landsberg am Lech 1990

Antoine de Saint-Exupery: *Der kleine Prinz.* Düsseldorf 1988

Peter Weghorn: Rattenfänger in Designerklamotten. Wien 1996

Peter Weghorn: Der Rhetorik-Profi. Wien, 1996

Zig Ziglar: *Der totale Verkaufserfolg.* München 1984